恐竜の道を辿る労働組合

早房長治 著

緑風出版

はじめに

世の中には、時々、理屈では考えられないような奇妙奇天烈なことが起きる。半世紀余り前の太平洋戦争では、敗色が濃くなった時、誰かが「神風が吹いて米軍の艦船や航空機を撃退してくれる」というと、国民全員が信じてしまった。

一九八〇年代後半に発生したバブルとは資産バブルだったのだが、不動産や株式の価格がいくら上がっても、政府、民間のビジネスリーダー、そして大多数の国民もが、「消費者物価も卸売物価も大して上がっていないからインフレではない。資産価格の上昇にブレーキをかける必要はない」と信じ込んでいた。

いま日本では、全国の企業で九〇年代後半からリストラの嵐が吹き荒れている。こういう時こそ、働く者にとって労働組合の必要性が増すはずだが、奇妙なことに、労組の組織率は九〇年以降、二一世紀に入ってからもなお減り続け、二〇〇三年にはついに二〇%を割ってしまった。

しかし、よく考えてみると、戦時中や八〇年代に神風神話や土地神話が国民の間に一気に広がる素地が出来上がっていたように、最大のナショナルセンターである「連合」だけでも八九年の発足以来、労働組合員が一〇〇万人以上も減った理由はきわめて明確である。

主な理由は二つある。第一は、就業構造が急速に変化し、正規労働者が大幅に減る一方で、パートタイマー、派遣労働者、契約社員などの非正規労働者が急激に増えたことである。九〇年代半ばまでは、ほとんどの場合、正規労働者以外は労働組合に入れなかったのだから、正規労働者が減少するのにつれて労組員が減る。つまり、経済構造の変化が労組に大打撃を与えたわけだ。

時代の変化に対応しなかった労組

第二は、労組の側が経済構造の変化にまともに対応せず、手を拱《こまぬ》いていたことである。常識的に考えれば、情報技術（ＩＴ）革命とグローバリゼーションの進展による経済構造の大変化は誰の目にも明らかなのだから、労組も自らの構造を積極的に変えなくては時代に取り残され、衰退の道をたどらざるを得ないことは自明に等しい。ところが、不思議なことに、労組のリーダーはほとんど動かなかった。

彼らに「なぜ経済構造の変化に対応する行動を取らなかったのか」と問うと、「日本の労働組織は企業別労組を基礎としてできているから、構造が大きく変わる時、とりわけ不況期には、企業の生き残りを優先しなければならない」「労組員である正社員の利益を重視すると、パートタイマーや派遣労働者の面倒見までは、とても手が回らない」といった返事である。しかし、つい最近まで、非正規労働者を「働く仲間」と認めず、労組に迎え入れることを拒否していたのは酷《ひど》い話で、「手が回らない」ですむことではない。フランスには、派遣労働者のために専従を設けている企業労組さえあるのだ。

日本では、政治、外交、また企業経営においても、欧米に比べて戦略を欠くことが多いが、経済構造の変化に対応する行動を取ろうとしなかった労組リーダーはその典型的な例といえる。目の前だけを見れば、「職を奪われる危機に瀕している自分たちの利益を守って欲しい」と訴える正社員のために全力を尽くすことは当然だ。だが、いくら力を尽くしても、正社員が大幅に削減され、非正規労働者に置き換えられるような大変革の下では、正社員の利益を守ることにもならない。労組は目前の作戦目標と同時に、長期的戦略を持たなくては無力で、正社員たちの多くは、職を失わないまでも、出向や転籍などの形で会社を追われ、劣悪な労働環境を押し付けられるという結果になる。

戦略を立てるには、まず、過去の労働運動の失敗の原因や欠点をすべて洗い出さなくてはならない。ところが、労働運動に限らず、日本人は「すべてを洗い出す」のが苦手で、口では「出直し」を唱えても、それらの「中途半端な究明」に終わってしまいがちである。過去の問題点を白日の下に晒《さら》すと、自分を登用してくれた先輩をはじめ多くの人に累を及ぼし、それが自分にも跳ね返ることを恐れるからだ。

現在の組織や進行形の事柄の欠陥に触れたがらないのは、責任の所在の不明確さが大きく作用している。欧米と異なり、組織の中で方針を決め、行動する場合、誰の責任で決定し、誰の責任で行動に移すのかが、曖昧なままで事が進む場合がほとんどである。敢えていえば、「みんな」で決定し、「みんな」で行動を起こす。だから、結果が失敗でも、誰も責任を取らず、誰の責任も追及しない。すなわち、現在の悪いことにも目をつぶる。

一言でいえば、政治家、官僚や経済界のリーダーと同様に、労働界のリーダーもまた、前に述べたような行動を取ってきた。九〇年代以降は、悪い状況の中だっただけに、図らずも悪い典型を演じたといえるかもしれない。

これでは、戦略など立てようがない。企業別組合（単組）も産業別労組（単産）も、そしてナショナルセンターである連合も、経営者側の仮借ない攻勢の前に対抗する術《すべ》もなく、後退を重ねた。戦略を欠き、勝利する可能性なしとはいえ、「仲間のリストラを見かね、単身、敵陣に切り込む」ようなリーダーは見当たらなかった。多くの労組リーダーは六〇年代以来、豊かな組合費に支えられた生活の中で「労働貴族」に成り果て、戦う勇気さえ失っていた、といわれても仕方があるまい。

労組の衰退と後退には一般組合員にも責任がある。「右肩上がりの経済」の中では、賃金引上げと生活水準の向上は当然と考え、組合費を払うだけで、活動は幹部と一部の活動家任せにした。九〇年代、構造不況の下で労働環境が悪化し、リストラ旋風に見舞われても、なお、「高い組合費を払っているのに、組合は何もしてくれない」と文句はいうものの、やはり、労組の活動に自ら積極的に参加することはなかった。

労組の必要性を再認識したなら、「自分たちも協力するから」過去の活動を全面的に反省し、将来への戦略を立てるべきだ」と労組幹部を突き上げるくらいのことが、どうしてできないのだろうか。

外部の手を借りて抜本改革を目指す

連合の内部に「労働運動と労働組合を立て直すには、原点に戻ってあり方を考える必要がある。それには、外部の有識者による委員会をつくって、現在の労働運動を外からの目で評価し直し、あるべき姿を示してもらうのがいいのではないか」という意見が浮上したのは、一両年中の労組組織率二〇％割れが確実になり、労働界に危機感が広がった二〇〇一年秋である。笹森清会長らリーダーは「連合内部で問題提起しても、大手単産の幹部たちによって封じ込まれてしまう。外部の手を借りるほかない。各界のリーダーとして世間に名の通った人を集めれば、労働運動に無関心になったマスコミも注目するかもしれない」と考えた。そして、同年三月、連合評価委員会が発足した。メンバーは次の七人である。

●中坊公平（元日本弁護士連合会会長）
●神野直彦（東大経済学部長）
●大沢真理（東大社会科学研究所教授）
●寺島実郎（財団法人日本総合研究所理事長）
●イーデス・ハンソン（アムネスティ・インターナショナル日本特別顧問）
●吉永みち子（文筆家）
●早房長治（地球市民ジャーナリスト工房代表）

この委員会をリードしたのは、なんといっても、座長を務めた中坊氏の強烈な個性である。同氏は独特の哲学に基づいて「働く者は弱い存在であることを自ら認識しなければなりません。この事実こそ連帯の基礎であり、労働組合の原点です」「労働者は誇りと責任感を持って自立（自律）することが必要です」「改革の第一歩は働く者の意識改革です。いかに対応するかを考える『ＨＯＷ文化』から、なぜこうなったかを考える『ＷＨＹ文化』へと転換しなければなりません」と説き続けた。この考え方は二〇〇三年九月に発表された「連合評価委員会最終報告書」の基調をなしている。また、報告書は労働組合の必要性を強く支持する一方で、現状を激しく批判している。導入部の末尾にある「外部から見て、今、労働組合はこう映っている」と題した項を紹介しよう。

労組を厳しく批判した評価報告書

「評価委員が外部から労働組合を眺めると、連合が行っている運動も活動も、国民の眼にははっきり見えていないのではないか、という思いを強くする。（略）労働組合が雇用の安定している労働者や大企業で働く男性正社員の利益のみを代弁しているようにも思えるし、労使協調路線の中にどっぷりと浸っていて、緊張感が足りないとも感じられる。

しかも、マネーゲーム化した資本主義の荒廃や、不平等・格差の拡大という不条理に対する怒りがあまり感じられず、その運動に迫力が欠ける。組合自体にエゴが根付き、守りの行動になっているとも見える。変化する社会に対応できる小回りのきく組織形態になっておらず、女性や若者などのために役割を果たしているとは思えない状態にある。全体として、外部から評価するとすれば、労働組合運動が国民の共感を呼ぶ運動になっているのか、という疑問を強く抱かざるをえない。

働く国民の利害を代表する組織に名実ともになり、国民が連帯できる組織となるために、労働組合が思い切った変身を遂げる必要がある」

最終報告案がまとまった二〇〇三年九月一二日の評価委員会で、中坊氏が連合執行部に「私たちが報告書を提出しても、あなた方がそれを神棚に上げて実行しなかったら何にもなりません。実行のための工程表を作ってください」と迫ったのに対して、笹森会長らは実行を誓った。その後、連合の中央執行委員会に提出された二〇〇四年度の運動方針案には報告書の内容がある程度、反映されている。しかし、労働運動の出直し的改革を迫った報告書の核心部分を連合や傘下の労組が実行するのは容易なことではあるまい。

例えば、報告書は「現在の労働組合の主流である企業別組合では対応できない社会変化が起きている」とし、企業別組合中心主義からの脱却を求めている。具体的には第一に、産業別組織（単産）、ナショナルセンター（連合）や地域組織を強化するために、人の配置や財政の配分を変えることを提案している。自ら集めた組合費の約九〇％を使っている企業別組合に、もっと多くのカネを他の組織に回すように求めているのだ。現在でも「上部団体は多額の『上納金』をわれわれから吸い上げているのに、何をしてくれているのか」という不満を抱いている企業別組合は、当然、反発するだろう。従って、連合や単産は企業別組合の弱点を補う新たな行動メニューを提示し、説得に務めなければならないのだが、そのアイデアは一向に見えてこない。

地域労組をヒト・カネで支援せよ

第二には、いま、労働界で最も活力のある地域労組を人的、財政的に支援するだけでなく、企業別組合の組合員が同時に地域労組に加盟することを認めるように提案している。連合は八九年の発足以来、「企業別組合・単産・ナショナルセンター」のハイアラーキー（階層的システム）を重視し、地方組織を軽視してきた。労働運動の再活性化のためには地方組織の充実拡大が不可欠であることは、企業別組合の幹部の多くも理解している。だが一方、現在のハイアラーキーにひびが入り、主導権が発揮しにくくなることを危惧しているのだ。労働界の危機状態を考えれば、主導権争いをしている場合ではなく、協力して組織拡大に全力を挙げるべきなのだが、主導権に固執する幹部は意外なほど多い。

報告書が指摘しているパートタイマーなど非正規労働者への均等待遇の実現も『正社員中心主義』を貫いてきた労組にとっては困難な課題である。つい最近まで、大手企業の労組幹部の多くは「パートや派遣労働者は正社員の利益を守る防波堤」と捉えて、派遣労働者の導入を経営側に対して認めてきた。だから、当然のことながら、その導入の前提は「非正規労働者への低賃金と劣悪な労働条件の押し付け」である。労組幹部の多くは今でも「非正規労働者の待遇改善は、正社員の給料原資の削減を意味する」という考え方を変えていない。組織防衛上、非正規労働者も労組に迎え入れることが不可避になった現在、その待遇改善にやっと関心を示し始めた。が本気に、「均等待遇」を考えている幹部はほとんどいない。

とはいえ、連合や傘下の労組では、ごく一部ながら、評価報告書が提起した問題について真剣な議論が始まっている。その際、ぜひ考えてほしいのは、自分より弱い立場にある「働く仲間」を助けることの大切さである。自らが属する企業で働く非正規労働者を助けるのは当然だが、弱い仲間は他にも全国の中小企業などに数え切れないほどいる。労組組織率が二〇%を割ったということは、働く者の八〇%以上が弱い立場で苦しんでいることを意味する。この人たちを助けることは、組織率の向上に役立つばかりか、このような行動を通して、他の人を幸せにする行為からもたらされる、人間としての喜びを実感することができる。

かつて労働運動が活発だった頃、大手企業の若い労組員たちが同じ地域の中小企業や中堅企業の争議を助けに駆けつけ、ともに腕を組みピケを張る光景をよく見かけたものだ。そうした時の若者は実に生き生きとしていた。今日の若い人々は自己中心主義だといわれる。だが、彼らはエゴに凝り固まっているというよりも、他人を助ける喜びを知らないのではないのだろうか。いま、若い世代は労働組合に無関心だが、もしも、「社内外の弱い仲間を助ける労組」に変わるなら、案外、労組の活動に積極的に参加するような気がする。

いうまでもなく、労組は社会の重要な構成要素である。健全な経済社会の実現にはチェック・アンド・バランスが欠かせないが、労組は企業経営者、政府、官庁など、強い立場にあるものの行動をチェックする上で、より大きな役割を負うべき存在である。

若者が人生設計を描けぬ社会に展望なし

九〇年代初めまで、日本の企業経営者の多くは「経営者が果たすべき最も重要な職分は、労使間や従業員同士の信頼関係を維持し、従業員が安心して働ける環境をつくること」と考えていた。九〇年代後半になると、構造不況の深刻化とともに、リストラが容易になったこともあって、米国型の「株主重視の経営」を導入する動きが一気に広がった。かつて、輸出産業を世界最強の地位にまで引き上げた「日本的経営」には多くの欠点がある。とはいえ、株式市場に振り回され、企業内の人間関係を疎《おろそ》かにするような経営が企業の長期的発展をもたらすなどということは、およそ考えられない。

正社員を減らせば減らすほどいいという手法は、企業の労働の質、ひいては製品やサービスの質を落してしまう。そして、これは、早晩、産業の国際競争力の衰退を確実にもたらすに違いない。

それればかりではない。多くのパート労働者や派遣労働者が低賃金のために複数の会社で一日一〇時間以上働いてもまともな生活ができないとしたら、こんな社会は健全とはいえない。不健全な状態が高じれば、社会的崩壊現象が起きることもありうる。高校や大学の新卒者が企業の門をくぐれず、低賃金のフリーターとしてしか働けないとすれば、生涯設計など描けるはずがない。若者が将来に希望を持てない社会に展望はない。

政府と企業経営者の判断ミスが引き起こした経済の「失われた一〇年」は、リストラなどによる企業収益の回復で、やっとピリオドを打とうとしている。しかし、リストラの行き過ぎが新たな企業危機、ひいては経済社会の危機をもたらしつつある。「働く者の環境の破壊」の危機である。この危機を防止する社会的役割を最も担うことができるのは労働組合であることを、私たちは忘れてはならない。

だが、もし、労働組合のリーダーがこのような自覚を取り戻せず、いま直ちに労組の抜本的改革を果たせなかったら、労働組合は、「恐竜への道を歩む」ことになる可能性がきわめて高い。組織率が今より五％落ち、一五％を割ったら、回復は不可能だろう。その時、労働組合の前にあるのは、自滅への道だけである。

目次

❖第6章 「労組のあるべき姿」連合評価報告書はこう作られた（1）❖ 109

❖第7章 「労組のあるべき姿」連合評価報告書はこう作られた（2）❖ 141

❖第1章　劣悪化する労働環境❖

■A子さん（四八歳）＝電機メーカーのフルタイムパート。勤続一八年。家族は夫と子ども二人。主な業務は製品検査。時給八四〇円で、月収約一一万円。ボーナス二・八カ月も含めて年収約一六〇万円。同じ職場で、ほとんど同じ内容の仕事をしている女性正規社員は月収三二万円で、年収は約五三〇万円。

A子さんは次のように述べている。

「かつてデパートの正社員として働いていたが、子育て期間に入って、勤務時間が長くて保育所に通いきれず、近所にある現在の工場に入社しました。できれば正社員になりたかったのですが、子どもがいたので無理でした。正社員とは、打ち合わせに出ないことと残業をしないこと以外、ほとんど同じ仕事をしているのに、給与格差があまりにも大きい。時給は入社時から二回、合計四〇円しか上がっていません。給与は生活費として使っているので、時給をぜひ上げてほしい。退職金もほしいと思います」

■B子さん（四七歳）＝印刷会社のフルタイムパート。勤続五年。母子家庭で、子ども三人。主な業務は製版。時給九七〇円で、月収は約一六万円。一時金三六万円などを含めて年収約二三〇万円である。

B子さんもA子さんと同様に不満を漏らしている。

「二一年間勤めた前の会社をリストラされ、正社員の職を探しましたが見つかりませんでした。

正規労働者とパートタイマーの賃金格差（女性、所定内賃金）

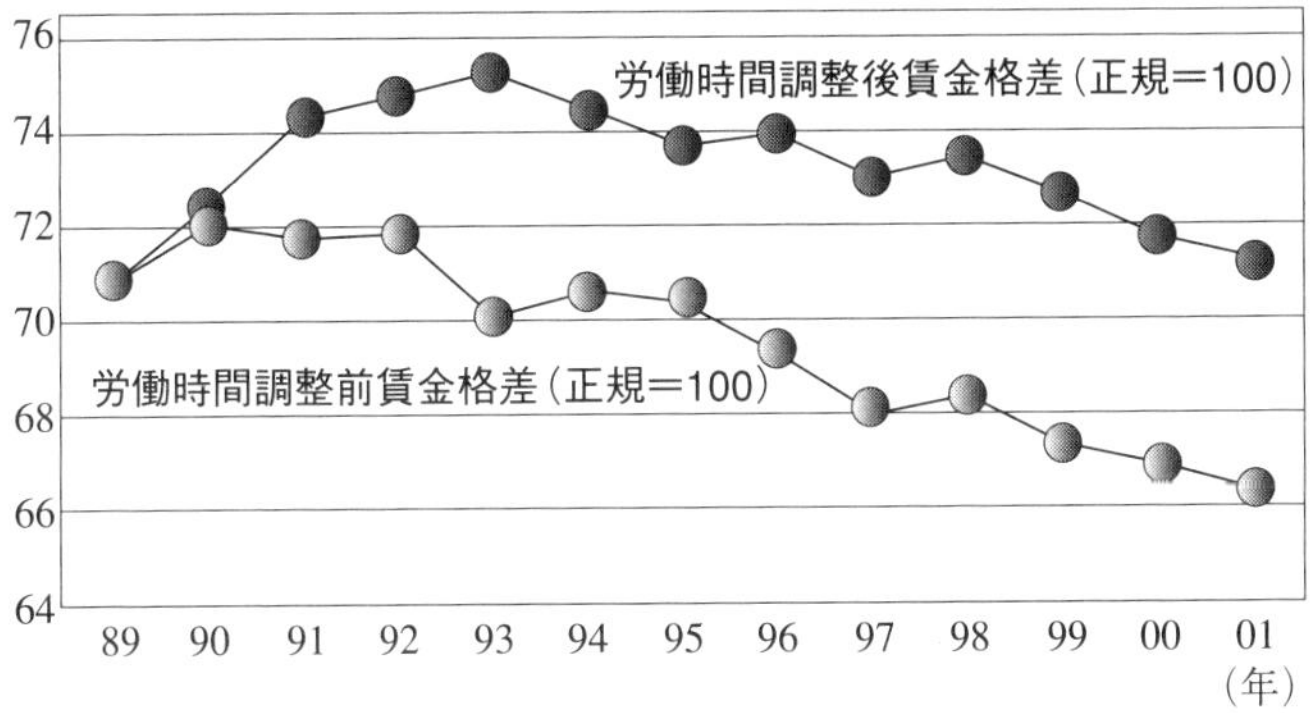

出所）厚生労働省「賃金構造基本統計調査」などにより算出

今の会社では正社員と同じ仕事をしている上に、残業も多く、休日出勤もします。それなのに、年収は正社員の半分以下。格差が大きすぎます。契約が一年更新なのもおかしいと思います」

生活保護以下のパート賃金

二人とも、女性のパート労働者がどんな差別待遇を受けているかを示す典型的な例である。A子さんの場合、夫の分と合わせると年収は約五〇〇万円になるから、生活に困ることはない。しかし、時給八四〇円は女性パートの全国平均時給とほぼ同じだが、常識的に考えて、低すぎるのではないか。

四人家族の生活保護基準年二四〇万円を年間二〇〇〇時間働いたとして時給を割り出すと、一二〇〇円である。企業側にいろいろな事情があるにせよ、少なくとも、フルタイマーには一〇〇〇円以上の時給を払わなければ、生活は成り立たない。パート労働者を雇っている企業の多くは「家計を背負っているパート労働者は少ない」「パート労働者の方も、税制などの関係もあって、必ずしも高い時給を求めない」といった釈明をするが、これはほとんど事実誤認である。家計の全部ないし一部を背負っているパート労働者は年々増えている一方、税制についての知識不足から一定以上の時給を求めなかった主婦パートも減少してきている。少なくとも、フルタイマーの時給は安定した生活ができる水準まで引き上げるべきだ。たとえ一定以上の収入を求めない主婦パートがいるとしても、時給を一〇〇〇円以上の水準まで引き上げ、働く時間を減らすのが社会的に健全なやり方ではないか。

企業がコストアップを嫌うことは理解できる。だが、フルタイマーはもちろん、短時間パートタイマーに対しても、その程度まで時給をアップさせなければ、勤労意欲や能力向上意欲を引き出すことはできまい。企業にとっても、パート労働者の時給を二〇%引き上げることによって生産性を三〇%向上させるという計算は成り立つはずだ。厚生労働省はじめ各種機関の調査によると、現在のパート労働者は「不満の塊」と化している。その状態であれだけ働くのだから、格差をある程度是正することによってその気にさせれば、三〇%の生産性向上は決して難しいことではない。

一九九三年、「パート労働法」が制定され、事業主による雇用管理改善が法律上の努力義務として規定された。賃金などについては、厚生労働大臣による指針で、「就業の実態、通常の労働者との均衡などを考慮して定めるよう努めるもの」とされている。

にもかかわらず、実際は、パート労働者の約七割を占める女性の所定内賃金が正規労働者のそれに対する比率は、九三年以降も前年の水準を上回ったのは九四、九五両年だけで、その後はほとんど毎年、下がり続けて、二〇〇一年には九三年七〇・一％に比べて三・二ポイントも下落した。賞与、各種手当てなどを含めた賃金格差はさらに大きくなる。

常用パートが少ない日本

フルタイムパートで長期間勤続しているにもかかわらず、一年あるいは六カ月毎に契約を更新する企業は多い。業績不振に陥った場合、リストラしやすくするためだが、二つの意味で不健全なやり方だ。まず、労働者の弱みに付け込み、企業の負うべきリスクを、すべて労働者に負わせている。これはフェアーではない。次に、この結果、働く側に「いつクビになるかわからない」という不安を常に与えている。ヨーロッパでは契約期限のない常用パートが一般的である。たとえば、オランダでは女性パート労働者の八〇％以上、フランスでは八〇％弱が常用雇用である。日本では有期労働契約に対する規制が弱いために常用雇用は約四〇％にすぎないが、少なくとも長期パートタイマーについては常用契約制を原則とすることが望ましい。

日本の労働力構造が正規労働者のリストラとパートタイマーなど非正規労働者の急増で大きく変わり出したのは九〇年代後半からである。一口にいえば、九〇年代後半から今日まで全国の企業で正社員が一七〇万人以上減り、非正規労働者が二〇〇万人以上増えた。産業別に見ても、サービス業、運輸・通信業、卸小売業・飲食店をはじめとして、全業種で軒並み正社員が減り、非正規労働者が増加している。

総務省の調査統計によると、九七年から二〇〇三年までの間に、正規労働者は雇用労働者全体の七六・八％から六九・七％と大幅に減少した。逆に非正規労働者は、パートが一二・九％から一五・二％へ、アルバイトが六・二％から六・九％へ、契約・嘱託が四・二％から四・六％へといずれも増加した。

派遣労働者は二〇〇二年に初めてこの統計上に登場し、二〇〇三年は〇・九％となっている。いい換えれば、二〇〇三年には、パート、派遣などの非正規労働者総数は約一五〇〇万人に達し、正規労働者は雇用労働者全体の三人に二人、女性の場合は二人に一人未満まで減った。正社員にとってても受難の時代だったわけだ。

これら大手企業でのリストラは、多くの場合、経営側と労組間の合意の上で、新規採用の中止に止まらず、希望退職者を募集する形で行われた。したがって、割り増し退職金が支払われ、企業が退職者の再就職活動に協力したケースが多い。しかし、長年、企業のために懸命に働き、自ら「企業戦士」を任じてきた従業員にとってはショックだったに違いない。

正規労働者に対するパートタイマーの賃金水準
（女性、所定内賃金）

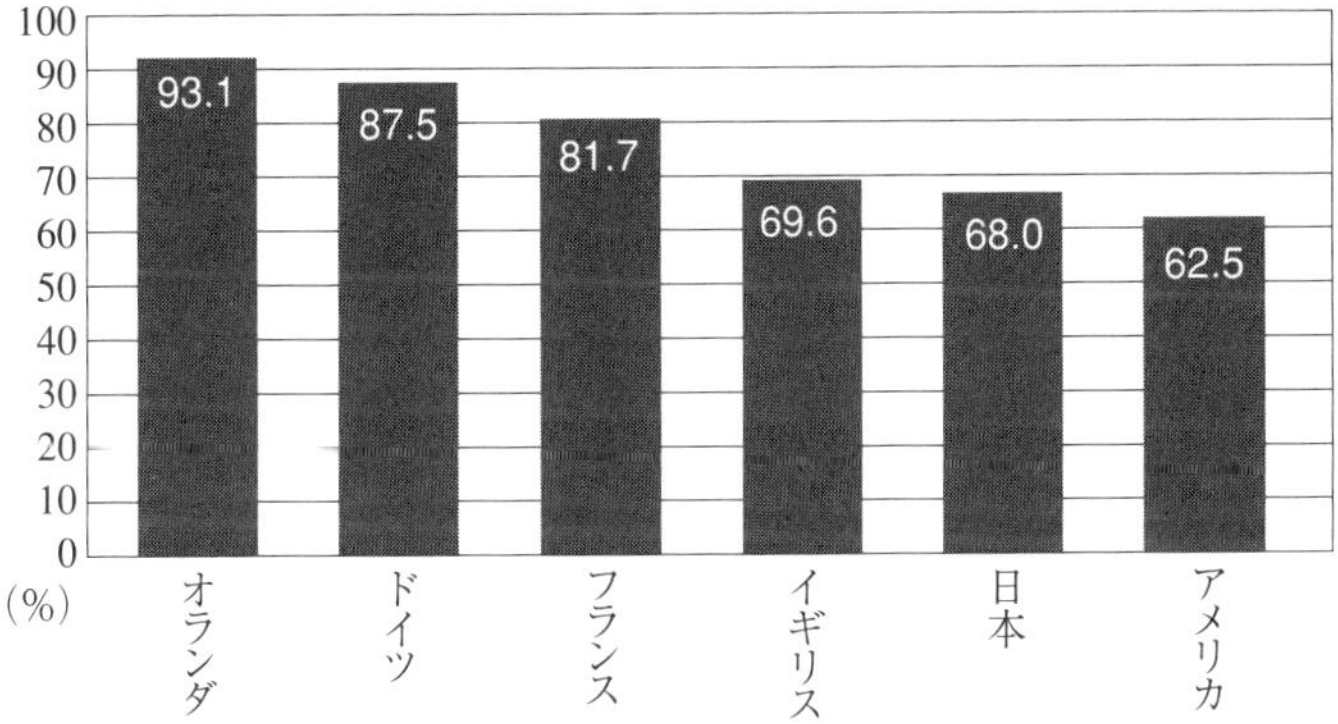

出所）厚生労働省とOECDの資料に基づく

とはいえ、中堅企業や中小企業で、突然、リストラされた人たちに比べれば、はるかに恵まれている。中堅・中小企業の悲惨な例をいくつか紹介しよう。

悲惨な中小企業の労働環境

■Cさん（三七歳）＝札幌市のカメラ量販店に勤務していたが、二〇〇二年六月の休日、突然、同店のネット掲示板にCさんの福島市への転勤人事が載り、上司から「今日中に承諾しなければ解雇する」と連絡が来た。あまりにも理不尽なので、転勤を拒否した上で、同店の労組に助けを求めた。しかし、労組委員長からも「解雇になる」との返事。困り果てて、地域労組に駆け込み、その助けを借りて、やっと会社側に解雇だけは撤回させた。

■D子さん（三五歳）＝中堅ベンチャー企業S社の事務職。S社は大幅なリストラをしたため、残った従業員は過酷な長時間労働を強いられることになった。勤務時間は午前九時から午後六時。給与は年俸制で、二時間分の時間外手当が含まれている。実際には、従業員は最低、午後八時まで働き、それ以降についても時間外手当は支払われていない。D子さんの職場は女性一〇人で、そのうち三人が貧血で倒れている。他の職場では、自律神経失調症などで病院に通っている人がいる。D子さん自身も、午後一一時ごろまで残業が続いたために生理不順となり、通院している。

■E子さん（三九歳）＝埼玉県下の鋳物工場で鋳物工として長年働き、技術的にも周囲から評価されてきた。ところが、突然、社長から「月二〇万円の給料を一二万円に下げる。厭なら辞めてくれ」といわれた。月二〇万円は時給に直すと約一二〇〇円。いまは時給七〇〇円でも働きたいという人がたくさんいるから、E子さんがその水準まで賃金を下げることを承知しない限り解雇するというのだ。鋳物工場には労組はないので、E子さんは地域労組に駆け込み、大幅減給と解雇は免れたが、今後、また減給を迫られるのではないかと不安な毎日を送っている。

これらのケースに共通しているのは、企業に労組がないか、あっても力が非常に弱かったり、労組の態をなしていないために、労働者は事実上、自分ひとりで経営側と対さなければならないことだ。上に紹介した例は地域労組に駆け込んだので最悪の事態は免れたが、全国の数多くの不振に陥った中堅・中小企業で、解雇されたか、極度の労働環境の切り下げに追い込まれた労働者は無数にいるに違いない。

大手企業については、多くの場合、リストラされても退職金を受け取れたと前に述べたが、正社員のリストラで開いた穴の相当部分をパートタイマー、派遣社員、請負などの非正規労働者で埋めている。大規模なリストラを何回も実施した電機メーカーなどでは、正社員と、待遇のまったく違う各種の非正規労働者が同じ職場に入り混じって配置されて働いている場合が多い。当然のことながら、正規と非正規の労働者間の意思疎通は悪く、作業引継ぎがまともに行われないケースも少なくないといわれる。正社員が大部分を占めていた当時と比べて、職場の雰囲気は極めて悪い。

それは「鉄鋼業界の雄」新日本製鐵も例外ではない。最近十数年の同社の歴史は凄まじいばかりの「減量」すなわち「正社員減らし」の歴史だった。九四年に四万人をかなり超えていた正社員は二〇〇〇年までに約半数になった。前半のリストラは関連会社への出向が中心だったが、後半になると新日鉄とは縁を切る「転籍」に変わった。それでも、業界トップで、豊かな資産を持つ同社は、転籍社員が新日鉄に留まり続けたら受け取るはずの生涯賃金に見合う退職金を支払えたから良かった。また、新日鉄は正社員を減らした穴を非正規労働者で補うことをあまりしなかった。それでも、「職場の雰囲気は大幅に変わった」と残った社員は話している。

最近、労働環境の悪化が大きな問題になってきたのは派遣労働者である。派遣労働は八〇年代後半から新しい労働の形式として、主に特殊技能を持つ労働者や、企業に必要以上に拘束されるのを嫌う人々から注目されてきたが、数が目立って増え始めたのは九〇年代末からである。二〇〇四年二月に厚労省が発表した統計によると、派遣労働者は二〇〇三年末には二一三万人（前年比二二％増）に達した。二〇〇四年四月から改正・労働者派遣法が施行され、製造業も受け入れを認められ、また、派遣期間の上限も従来の一年間から三年間に延長されるなどしたため、派遣労働者は、今後、いっそう早いピッチで増えると見られている。

いうまでもなく、派遣労働者は派遣会社（「派遣元」とも呼ばれる）に雇われるか、登録されることによって、その会社のスタッフとなり、自分の技能を求めている会社（「派遣先」とも呼ばれる）に派遣される。問題は労働者派遣契約が、派遣先が派遣元から派遣労働者の指揮命令権を譲渡ないし賃貸を受けるための単なる商取引契約であり、派遣先は労働法規上の基本的な雇用責任を免れることだ。労働者派遣法では、派遣先はユーザー（消費者）と位置付けられているから、派遣元との交渉で、契約料金をいくらでも値切ることができる。不況で、労働者の買い手市場の時は特にそうである。これは派遣労働者の賃金低下に直結する。また、派遣先企業は派遣労働者の労働条件を、労働者派遣契約違反や人権侵害などに当たらない限り、いくらでも切り下げることができる。

派遣労働者が過酷な状況にあえいでいる例をいくつか紹介する。

■Ｆ子さん（三五歳）＝首都圏に住む一児の母親。派遣先からは「一年といわず、長期に働いてほしい」といわれており、Ｆ子さんも「働く母親に理解ある会社」と考えていたので、そのつもりだった。派遣元会社とは三カ月毎に雇用契約を更新していた。ところが、Ｆ子さんが派遣元に妊娠したことを伝えたところ、契約更新を断られた。「厚労省の指針では、契約社員など有期雇用者でも、実態として雇用が長期であるなら、育児休業を取らせるように企業に求めている」と抗議したが、派遣元の態度は変わらなかった。Ｆ子さんの身分が派遣社員で直接雇用ではなく、しかも三カ月毎に再契約を繰り返してきたという二重のハンデが災いした。

■Ｇさん（四七歳）＝九五年から金融会社に派遣され、債権回収業務に従事してきた。当初はある程度、余裕のある勤務状態だったが、九九年から契約期間が三カ月から一カ月に短縮されるとともに、ノルマが課されるようになり、それも年々厳しくなった。ノルマが達成できないと、会社側は契約更新の拒否をほのめかす。ノルマ達成のためには夜間や休日に債権者を追いかけて督促しなければならないので、残業や休日出勤は日常的になってしまった。一方、当初の三年間で一四〇〇円から一六三〇円に上がった時給は、その後、固定したままだ。その上、遅延損害金の回収状況をまとめる作業や現地調査依頼書の作成など、従来は正社員が担当していた業務まで派遣スタッフが担うようになった。労働条件はますます劣悪化し、時給は実質的に減少するばかりである。

派遣労働者を苦しめる三つの劣悪環境

この二つのケースは、派遣労働者が受けた「被害」の形こそ異なるが、労働関係法の保護が届きにくい派遣労働者に起きた典型的な例で、今後、同様な「被害」が多発する可能性が高い。二人とも地域労組などに助けを求めたのだが、現在の法的仕組みの下では、労働問題のベテランをもってしても、効果的な救済策の講じようがなかった。

NPO派遣労働ネットワーク理事長を務める中野麻美弁護士によると、派遣労働の最近の特徴は次の三つである。

① 低賃金化
② 短期契約化
③ 長時間労働化

派遣労働者がまだ少なく、大部分が高水準の専門知識を持っていた八〇年代後半から九〇年代初めまでは、派遣労働者の賃金は安定していた。しかし、その後は今日に至るまで下落の一

派遣労働の仕組み

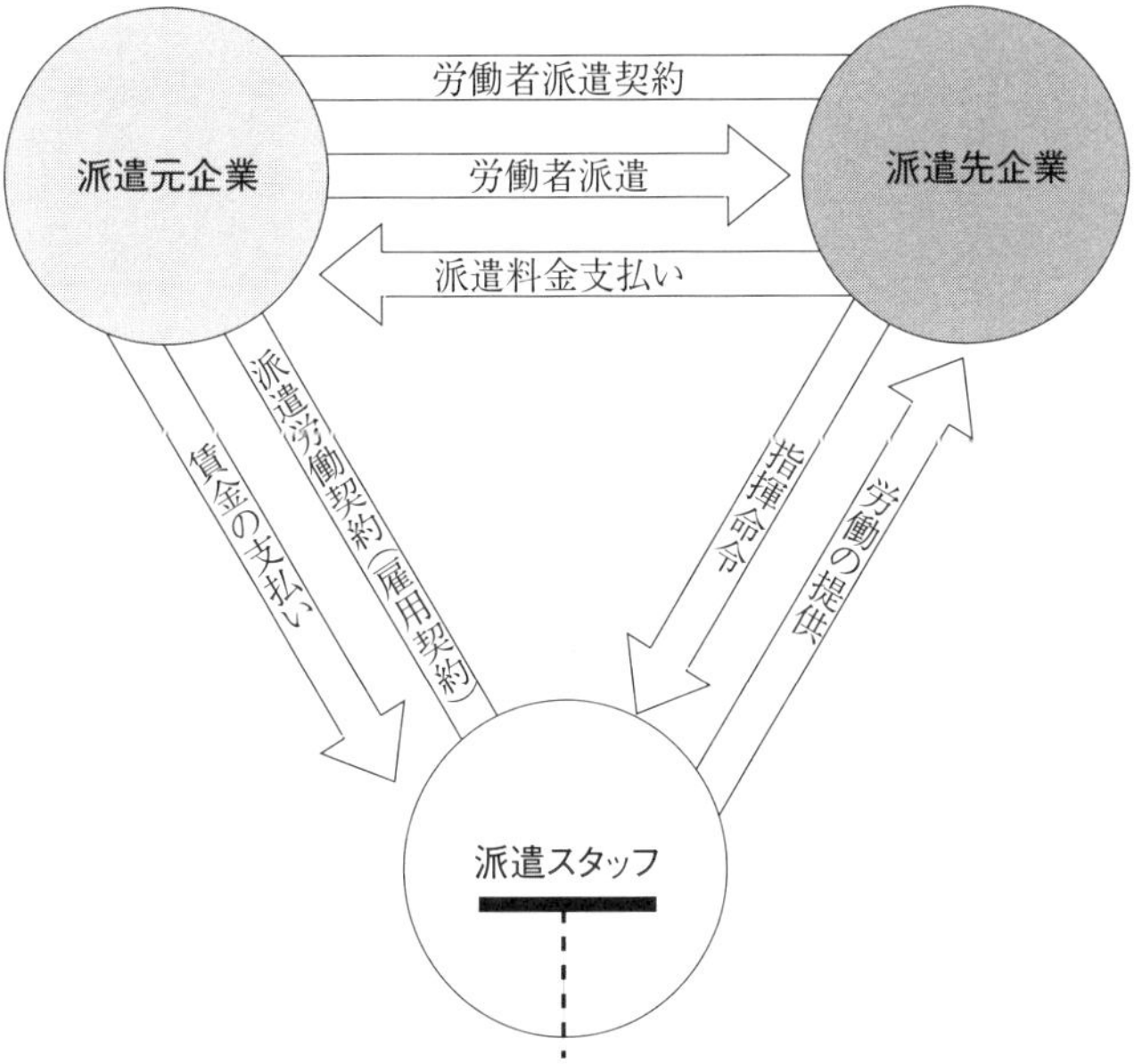

［常用型］（16%）＝派遣の仕事の有無にかかわらず、派遣元と雇用契約
「登録型」（84%）＝派遣元に登録しておき派遣先が決まったとき、派遣元と雇用契約

出所）『WEDGE』2004年4月号

途をたどっている。それでも、九四年から九八年までの平均時給の減少は四四円に止まったが、九八年から二〇〇一年までの間には二〇〇円も急落した。二〇〇一年から二〇〇二年の間も六〇円以上下がった。派遣労働者の側が高度の専門知識を維持していれば、企業の時給切り下げに対抗できる。だが、実際は、時間的および金銭的事情で知識をさらに高度化するための研修を受けられない人が多く、知識の陳腐化

とともに賃金は切り下げられていく。このままでは、派遣労働者に対する需給バランスが大きく変化しない限り、低賃金化に歯止めはかかりそうにない。

近年の契約短期化の動向はあきれるほどである。業界では、三カ月契約を「長期契約」と呼んでいるほどだ。二〇〇四年二月に厚労省が発表した調査結果でも、派遣契約の八八％が半年以内の短期契約である。同四月、労働者派遣法の改正により、契約期限の上限が一年以内から三年以内に延長されたものの、現状から見る限り、契約が長期化の方向に転じることはおよそ考えられない。法律的には企業側の要望を反映して契約の長期化が図られたはずなのに、実際には、企業は極限まで契約期間を短期化した上で、更新を繰り返すことによって、実質的な長期雇用を行っている。企業が自らの都合を著しく優先し、働く者の立場を無視した結果だが、今後、派遣労働者が増加するに伴い、短期契約化の欠陥が生産性においても明確になってくるだろう。働く者を不安な状態に陥れておいたまま、生産性を上げようというのは、しょせん無理な話なのである。

女性や若者が自発的に派遣労働という雇用形態を選ぶ理由の一つは、残業をする必要がなく、時間的にも企業に縛り付けられることが少ないからであった。ところが、最近は、正社員以上に残業を強いられるケースが増えている。多くの派遣先企業が「残業をしないなら、契約を更新しない」といい始めたからだ。それでも、残業代を払うならまだしも、「正社員もやっているのだから、派遣社員もやれ」と、サービス残業を強要するケースも少なくない。これでは、働く者が派遣労働という雇用形態を選択する意味がなくなってしまうだけでなく、時給が実質的にさらに切り下げられてしまう。

これら三つの最近の傾向は派遣労働を歪めている。そして、それは労働者を苦境に追いやるばかりか、長い目で見れば、企業にとっても決して得策ではないだろう。今後、三つの歪みの増幅を食い止めるには次の三つの手立てが考えられる。第一は派遣先企業などの労組の支援であり、第二は派遣先に別の労組をつくること。第三は法的ないし行政的な措置である。

いうまでもなく、派遣労働者が働くのは派遣先企業である。派遣労働者が派遣元企業と雇用契約を結んでいるとしても、職場はあくまでも派遣先である。従って、自社で働く派遣社員の労働環境がどんなに劣悪であっても派遣先企業が責任を負おうとしないというのはおかしいし、そのような状況はやがてその企業で働く正社員の労働環境にも悪い影響を与えることは必至である。それなのに、派遣先企業の労組が派遣労働者の賃金や労働環境に無関心であったのは、正社員と派遣社員の労働環境には関連がないといった、常識的に考えればありえないような錯覚をしていたからだ。

派遣社員の労働環境の改善について、派遣先の労組が問題提起すれば、経営側も無視するわけにはいかない。いい換えれば、派遣労働者の労働環境について直接発言できるのは、派遣労働者自身を除けば、派遣先企業の労組だけなのだ。そして、派遣先の労組が派遣元企業の労組と連携すれば、さらに効果的に派遣労働者の労働環境、ひいては正社員の労働環境を改善することができる。

派遣先企業は自社労組の介入に対して、「派遣社員を自由勝手に使えなくなり、面倒なことになった」と感じながらも、「法律上、派遣先企業には派遣労働者の労働環境を守る義務はない」と抵抗するに違いない。確かに、前にも述べたように、日本の法律と行政は、派遣先企業に雇用義務や労働環境を一定水準以上に保つ義務を課していない。政府や担当官庁に現在の状況を変えさせるには国民の側からの圧力が不可欠である。そのためにも、派遣元と派遣先の労組、とりわけ、派遣先企業の労組の活発な活動が重要なカギになる。

それにしても、日本の労働派遣法は派遣先企業にとってあまりにも有利にでき過ぎている。派遣元と派遣先の契約に労働環境を維持し、改善する条項を含ませるように要求するべきだし、本来なら、欧州連合（ＥＵ）諸国に倣って、特に派遣先企業の派遣労働者を保護する義務を強め、その遵守を求めるべきである。

三〇〇万人を超えたフリーター

日本の人口が減少過程に入るのを目前にして、高校や大学の卒業生はすでに減り続けている。しかし、毎春、多くの若者が学業を終え、希望に大きく胸を膨らませて社会に巣立つのには変わりない。ところが、彼らが正規社員として企業の門をくぐる比率が近年、大幅に減少してい

フリーターの人数の推移

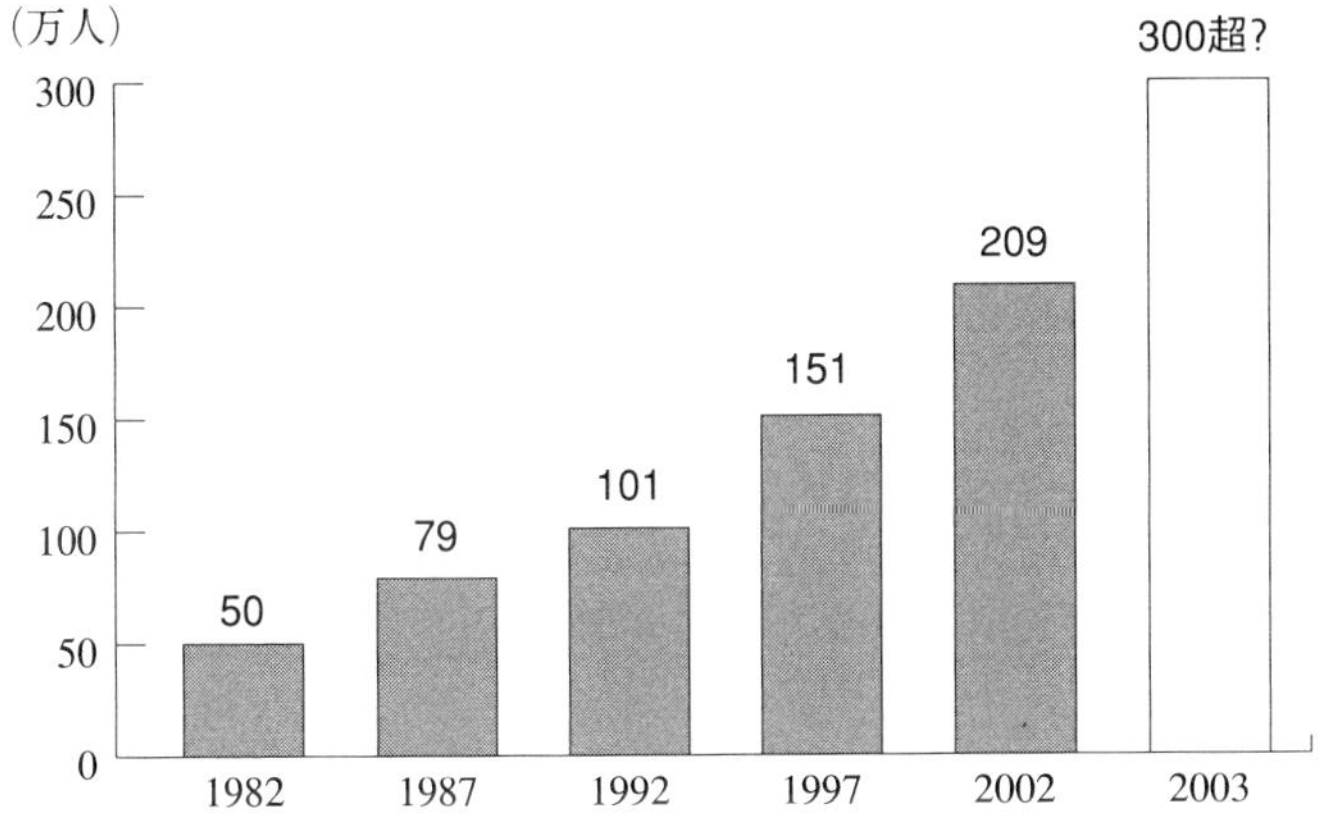

（注）（1）現在、就職している者については、勤め先での呼称が「パート」「アルバイト」の者。（2）現在無職の者については、家事も通学もしていず、「パート」「アルバイト」の仕事を希望する者を「フリーター」と定義する。

出所）総務省と厚生省の統計・資料

る。なかでも、女性の新卒者が最初からパートタイマーとして就職する例が急増している。

平成一五年度版「労働経済白書」（厚生労働省）の「フリーターの動向」の項目の記述は世間に衝撃を与えた。八〇年代から増え始めたフリーターは九〇年代に入って急増し、二〇〇二年には二〇九万人（男性九四万人、女性一一五万人）に達した。これは厚労省が内輪に見積もった数字だから、実際には、三〇〇万人を超えていると見る専門家も多い。三〇〇万人といえば、雇用者全体の五・五％を超えている。

フリーターを学歴別に見ると、中学・高校卒業者が圧倒的で、全体の三分の二を占める。将来に対する目的意識が稀薄で、定職につくことを望まない者が多いことや、職業への認識が甘いため、就職してもすぐ止めてしまう傾向があることが主な原因であるが、九〇年代以降は厳しい経済環境の下で、就職したくても就職口がないために、やむをえずフリーターになるケースも増えている。

日本労働研究機構（現在は「労働政策研究・研修機構）が二〇〇一年に実施した「大都市の若者の就業行動と意識」調査によると、高校新卒者が正規社員として企業の門をくぐれる率は九〇年代に急降下している。女子の場合、八九〜九二年卒では七五・三％が正規社員として就職したが、九三〜九六年卒では五六・五％に減り、九七〜二〇〇〇年卒になると四七・一％と五〇％を割った。男子の場合は、もっと酷《ひど》い。フリーターとして就職した人が三〇・一％、失業者、無業者が一二・九％もいる。男子の場合は、もっと酷い。八九〜九二年卒は六三・五％が正規社員として就職したが、九三〜九六年卒は五八・七％に減り、九七〜二〇〇〇年卒は、一気に三五・一％まで落ちた。逆に、フリーターとして就職した者が四五・四％まで増え、正規社員と非正規社員の比率が逆転している。失業者、無業者も九・七％に達している。

大学新卒者の場合は、高校新卒者ほど酷《ひど》くはないものの、九〇年代前半に求人倍率が急落して以来、同じ傾向をたどっていると、大学の就職関係者は話している。文部科学省の統計調査では、女子は四〇％以上が、男子は半分近くがフリーターとして就職していることがうかがえる。

高卒直後の就業状態は悪化の一途

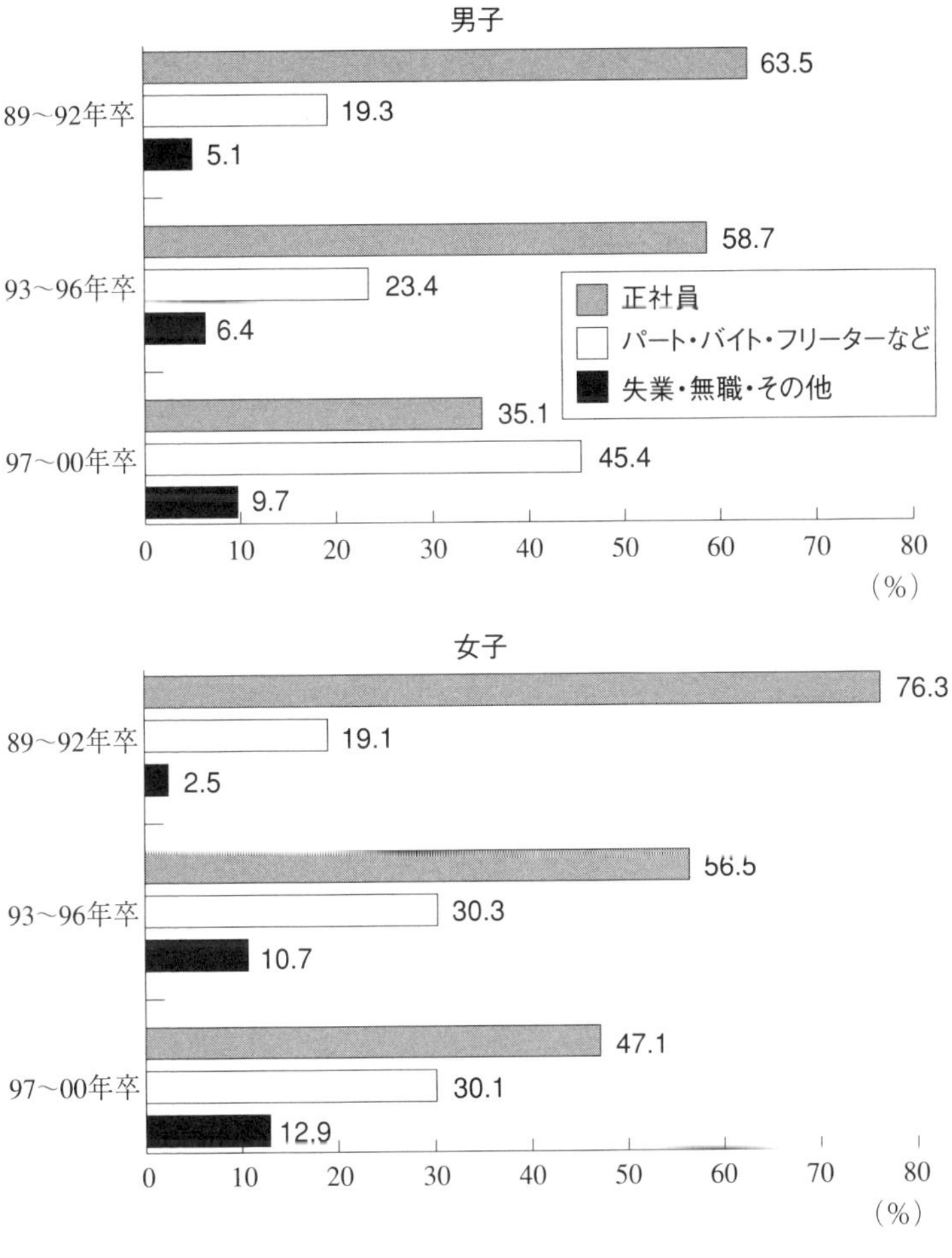

出所）日本労働研究機構「大都市の若者の終業行動と意識」2001年10月

ある私立大学の就職関係者によると、近年、卒業予定の学生に対する派遣会社からの攻勢が激しくなっている。「派遣社員として大企業で一年働けば、その企業に就職できる」というのが誘い文句で、その誘いに乗る学生も増えているという。その就職関係者は次のように話している。

「派遣社員として一年間働いたら、大企業に就職できた例など聞いたことはありません。だから、学生たちには違う道を選ぶようにいうのですが、かなり多くの学生が、就職が決まらない苦しさに負けて、派遣会社に登録したり、雇用契約を結んだりしています。心配なのは、派遣社員のまま三、四年たった場合です。まともな形での就職がますます難しくなるだけでなく、派遣社員として専門知識を求められても、どうにもならなくなるでしょう。派遣会社にも強く反省を求めたいと思います」

生涯設計を描けない若者たち

健全な社会を作るうえで重要な要素は、若い人たちが希望を持って生きることである。そのためには、学校を卒業したら、自分の能力にふさわしい職業を得て、二〇歳代後半には、生涯設計が描けることが必要だ。ところが、フリーターになった若者たちは職業も収入も安定しないので、生涯設計を描きようがない。これでは、まともな結婚もできないし、三〇歳代後半からの人生は暗澹たるものだろう。

このような若者が雇用者全体の五・五％を超え、さらに増え続けているということは、何を意味するのだろうか。毎日、不安にさいなまれている若者たちが社会に積極的に貢献するとは思えない。生涯設計も描けないフリーターが雇用者全体の一〇％を超えれば、社会は自壊作用を起こすのではないか。企業経営者は雇用調整を柔軟化し、人件費を減らすために、フリーターは使い勝手のいい労働者と考えているに違いない。また、自発的にフリーターになる若者がいることも事実である。しかし、生涯設計の描けない成員が一定水準以上に達した社会は成り立たなくなる恐れが強い。

私たちは、フリーターの問題を単なる労働問題としてではなく、社会の根本にかかわる問題として考え、対処すべきである。

❖第2章　労働組合は、なぜ無力なのか❖

企業のリストラはバブル崩壊後の九〇年代前半にじりじり増えはじめ、九〇年代後半には急速に進んだ。赤字部門を抱えている余力が尽き、リストラなしには各業界の生存競争に生き残れる可能性が少ないことがはっきりしてきたためである。しかし、リストラ急進の原因はもう一つある。労働組合の無抵抗だ。それは、大手企業の労組がリストラに反対してストライキを打った例が事実上ゼロであったことからも分かる。いい換えれば、正社員のリストラも、その代替要員としてのパートタイマーや派遣社員の採用も、さらに請負労働者の受け入れも、すべて労使合意の上で行われた。

「労働組合員の雇用を守る」ことは労組にとって最低限の義務である。この、労組の存在意義にもかかわる基本的な義務を、多くの大手企業労組がどうして放棄してしまったのだろうか。二つの理由を指摘できる。

企業生き残りを優先する労組幹部

第一は、企業の生き残りのためである。日本の企業には今日でもなお「家族主義」が色濃く存在する。だがら、企業の危機は「家族存亡の危機」にも似た形で受け止められる。危機に際し理性的に対処するのではなく、「絶対にわが社を潰してはならない。どんなことがあっても生き残らなければならない」という感情的ともいうべき主張が全体を支配する。

労働組合も企業別労組なので、労組幹部にとっても企業の命運が何よりも優先する。九〇年代後半、多くの大企業で危機が叫ばれた際、労組幹部たちは「企業別労組にとって、企業生き残りがすべてだ」と公然と話している。もちろん、一般組合員にとっても、企業の存続が望ましいことはいうまでもない。どの業界でも、いったん解雇されると、その人がいかに優秀な技術を持っていようとも、再就職は難しいからだ。しかし、一般組合員にとっては「企業の生き残り最優先」というよりも、むしろ「職の確保優先」である。この差が、企業が危機に瀕した際に明確に出る。

一般の組合員からすれば、どんな形であろうと、リストラ解雇には絶対に反対である。これに対して、労組幹部は企業の生き残り最優先だから、場合によってはリストラ解雇もやむをえないと考える。従って、経営側からいろいろな形でリストラ提案が出された時、労組幹部は出向、転籍を比較的安易に認め、解雇さえも「希望退職を募集する形なら」という条件を付けるだけで受け入れた。

首を切られる側の一般組合員は、いうまでもなく、事実上の解雇である「希望退職募集」には断固反対である。しかし、経営側と労組合意の「企業生き残り最優先」の大合唱の中では泣き寝入りせざるをえない。この結果、ほとんどの企業で、正社員全体の四分の一以上が去り、企業によっては半分以上が何らかの形で退職を受け入れざるをえなかった。

ほんの一部の人は「管理職ユニオン」などに駆け込んで助けを求めたものの、事実上解雇された社員の大部分は表面上、沈黙を保っている。しかし、彼らが労組に強い不満を抱いていることはいうまでもない。ある大手電機メーカーをリストラされたベテラン工員の一人は「労組が最後まで私たちの職を守ってくれると信じていましたが、いとも簡単に裏切られました。労組幹部は、むしろ、組合員が希望退職に応じるようにと説得役を務めたほどです。あれでは労組ではなく、労務係です。何のために長い間、高い組合費を払い、労組の指示に従順に従ってきたのか……」と心情を吐露した。

大手企業の労組が「組合員の雇用を守る」義務を放棄した第二の理由は、一般組合員の間にも蔓延している「大手企業の正社員でさえあれば、世間並み以上の生活ができる。だから、なんとしても今の地位を守ろう」という保守主義である。

今日でも中流意識に浸る正社員

八〇年代前半から九〇年代初めにかけて、「国民すべてが中流階級」という意識が広がったことがあった。その中心が大企業の正社員とその家族たちだった。彼らは今日でもなお当時と同じ意識で生きているふしがある。たしかに、大手企業の正社員は国民全体の中でも恵まれた立場にある。九〇年代には年収は上がらず、賃金が引き下げられた企業もあるとはいえ、デフレで物価は下がり続けているのだから、生活水準は下がっていない。正社員の地位さえ保てれば、多少苦しいとはいえ、今日でも「中流の生活」と「中流意識」を維持できるのだ。

一般組合員の誰も、仲間のリストラを望んでいない。しかし、自らの生活を守るために、仲間の不幸に対して敢えて声を上げることはなかった。さらにまた、リストラされた正社員の代替要員として入社してきたパートタイマーや派遣社員、請負労働者たちの劣悪な労働条件に対しても、「見ざる、聞かざる、言わざる」に徹した。彼らの誰一人、このような内向き思考によって、残された正社員の生活が保障され、将来展望が開けると考えていたわけではない。しかし、彼らはこのような行動を取るしか方法がなかった。

労組の幹部たちは、企業別労組、産業別組織、ナショナルセンターのどのレベルにおいても、一般組合員の保守思考を巧妙に利用した。もしも、日本のサラリーマンがもっと自由に物事を考える習慣を身に付けていたなら、「なぜ、労働組合が組合員の雇用をあくまでも守ろうとしないのか」「突き詰めて考えれば、雇用の確保こそ労組が果たすべき最小限の義務ではないのか」と労組幹部に詰め寄ったことだろう。だが、実際は、ほとんど自己保身の守りの姿勢に入ってしまった一般組合員は声を潜めていた。「企業生き残り」に狙いを定めた労組幹部たちにとっては、これは本当に幸いだった。「なぜ、労組は組合員の雇用を守ろうとしないのか」という問いに対する答えは幹部の誰も持っていなかったのだから。

「企業の生き残り最優先」という経営側と同じ認識にはまってしまった労組が強力になれるはずがない。七三年秋の第一次石油危機以来、大手企業の労組は大部分が労使協調路線をとってきたが、「企業の生き残り最優先」で「雇用の確保は二の次」という方針は「悪い意味での協調路線も極まれり」といえる。これは単なる戦術の誤りといった類のものではなく、労組に対する根源的な考え方の問題である。労組幹部としては、企業とともに企業別労組を生き残るための方針・作戦のつもりだったのだろうが、とんでもない考え違いで、これは「労働組合の自殺行為」に等しい。

労組幹部の思い違いは「企業生き残り最優先」に限らない。大手企業には第二次大戦前から臨時工や季節工が存在したが、パートタイマーや社外工、請負労働者などが目立った形で登場したのは七〇年代である。これら非正規労働者に対して、大手企業の労組は極端に冷淡な態度で接した。当初は「正社員とは身分が違う」という意識が強かった。この「身分差別」は、戦前から大企業にあった職員と工員の差別に近いものだ。八〇年代に入ると、身分差別意識が薄くなる一方で、「非正規社員の待遇を良くすると、その分、正規社員の待遇が切り下げられる」という利害意識が正規社員の間で強まった。

経営側が賃金原資を一定額に限定した場合には、非正規社員の取り分を増やせば、正規社員の賃金に回る分が減るのは当然だ。しかし、だからといって、非正規社員の賃金がいくら低くてもいい、労働条件がどんなに悪くても正社員には無関係だから放っておいていい、という理屈はないはずだ。にもかかわらず、大企業の労組は、非正規社員を組合員として受け入れることを拒否したばかりか、経営側の「非正規労働者を徹底的に安く使おう」というやり方を、むしろ積極的に支持した。その理由について、電機連合の幹部の一人は次のように話している。

リストラへの見通し甘かった労組

「経営側との話し合いで、正社員の待遇を現状維持する代わりに、安い労働力を導入して人件費コストを引き下げることを認めた。当時は正社員のリストラが九〇年代のような形で行われるとはまったく考えていなかったから、正社員だけで構成する労組の利害と会社の繁栄が両立する妙案だと認識していた。いい換えれば、非正規労働者は、利益の増加を目指す経営陣と待遇改善を求める労組のバッファー（緩衝材）の役割を果たすと、労使とも考えた。だから、経営側が派遣労働者の導入を提案してきた時、私たちは積極的に支持した。

しかし、いま振り返ってみると、私たちの判断は、労働組合として間違いだったのではないかと思う。第一に、バッファーとしての非正規労働者がいても、会社の経営状態がさらに厳しくなった時、正社員のリストラを食い止めることはできなかった。私たちは、正社員の利害を『聖域』と考えていたわけではないが、経営側があれほど大規模に正社員を削減してくるとは、まったく想定していなかった。

第二に、経営側が正社員の代替要員として非正規労働者を使うなどとは考えが及ばなかったのは非常に甘かった。実際は、経営の悪化に伴い、経営側は、まず正社員の採用を控え、パートタイマーや請負労働者で代替した。さらに、正社員をリストラして、開いた穴を非正規労働者で補った。この結果、労組員は減り、労組は弱体化し、リストラ攻勢をかけてくる経営側に対抗することはますます難しくなった。労組は、もっと早くから非正規社員を受け入れて、正規社員との利害調整をしておくべきだったと反省している」

率直な弁である。しかし、経営側が正社員をリストラしたり、その代替要員として非正規労働者を使うことはないなどと、どうして信じ込んでしまったのだろうか。今から考えると、あきれるほど甘い判断だが、九〇年代初めまでの労使環境では、そう信じてもやむをえない面があったのも事実である。日本経済は右肩上がりで成長し続けていたし、大企業経営者は伝統的に従業員との信頼関係に重きを置き、経営が相当悪化しても、正社員を解雇することを恥とした。

私は今でも八〇年代初めのある夏の日、東海地方にある大企業の工場で見た光景をはっきりと覚えている。

私がたまたま訪れた静岡県下の大手楽器メーカーの広いグラウンドでは、五〇人近い従業員の一群がのろのろと歩いていた。大部分は四〇歳代と五〇歳代だったろう。手には道具らしいものを持っているものの、なにか特定の作業をしているふうではない。ある方向に前進し、フエンスに突き当たると、今度は逆の方向に歩くことを繰り返している。

不思議に思った私は「彼らは何の担当ですか。何をしているのですか」と社長に尋ねた。「あの人たちは腕のいい木工職人なのです。しかし、不況で仕事がない。そこでグラウンドの草取りをしてもらったのですが、勤勉な彼らは数日間で取りつくしてしまいました。今はやることがないので、ただ歩いているのでしょう。それでいいのです。彼らを解雇したり、一時帰休（レイオフ）させたりするわけにはいきません。長年、わが社のために身を粉にして働いてくれたベテラン従業員ですから」。これが社長の答えだった。

今なら「余剰人員を切れない社長は無能だ。交代しないなら、この会社の株は売りだ」という批判が市場から飛んでくるだろう。だが、当時はこの社長のような姿勢が経営者として当然とされたし、それで経営も成り立っていた。事実、この楽器メーカーも不況を乗り切ったあと、経営陣と従業員が一体となった企業努力で業績を回復した。

苦し紛れに「美風」を捨てた経営者

このような経営者の姿勢は日本企業の長い歴史の中で培われた「美風」といってもいいが、それだけでなく、企業を長期的に繁栄させる大きな要素でもあった。中長期的に見て、従業員の信頼を得られない経営がいい業績を上げることができないのは、今日のようなデフレ経済下でも同じである。ところが、九〇年代の構造不況の中で、大部分の大企業がこの「美風」を捨ててしまった。主な原因は二つある。ジリ貧の業績が長期間続いた結果、企業存亡の危機が現実味を増したことと、グローバリゼーション（経済などの世界一体化）に伴う米国流経営手法の流入である。

日本の大企業が九〇年代初めのバブル崩壊以降、赤字、あるいはジリ貧の経営から長い間抜け出せなかったのは、バブル崩壊を境に激変した消費動向に対応できるビジネスモデルを構築できなかったからだ。トヨタ自動車、キャノン、リコーなどのように新しい時代に合ったビジネスモデルをいち早く立ち上げた企業は従業員をリストラすることもなく、好業績を維持している。従業員減らしや労働条件の切り下げはコスト削減には有効だが、効果は一時的に過ぎず、時代に適合した新しいビジネスモデルを構築できない限り、安定的な黒字経営に戻ることはできない。こう見てくれば分かるように、多くの大企業は将来への展望もないままに、苦し紛れでやみくもに正社員を中心とする従業員のリストラに走った。

日本の製造業を一時、国際競争力世界一に押し上げた「日本的経営」は人間関係偏重の人事や株主軽視、意思決定の遅さ、不十分な情報公開など、いくつかの欠点を持っている。しかし、経営を長期的に考えるなどの長所も決して少なくない。

ところが、「失われた一〇年」の混乱の中で、「日本的経営はもう古い。米国流経営に転換しないと、時代遅れになる」という考え方が、経済界でも支配的になってしまった。米国流経営手法の中でも、とりわけ、経営側の都合で従業員を自由に解雇、レイオフできることが経営者にとって非常に魅力的に映ったようだ。

だが、言うまでもなく、米国と日本は国情が違うし、経済や企業の構造も著しく異なる。米国流経営法を直輸入しても、うまくいくはずがない。特に、日本の労働市場は米国に比べて流動性が極めて低いため、解雇された労働者が再就職するまでに長い時間を要する。そういった基本的条件を無視して多くの企業がリストラ一本槍に近い経営手法を取ったら、失業率が上がるばかりで、経済社会全体が順調に回転しなくなってしまう。その他にも、米国流経営法に多くの欠陥があることは、二〇〇一年ごろから米国内で続発した企業不祥事でも分かるはずだ。にもかかわらず、日本の大企業経営者の多くは、少なくとも雇用政策に関して、米国流経営法を丸呑みの形で受け入れた。

このような企業経営者の考え方と行動方式の大転換を、労組リーダーたちは予測できず、手を拱いて見ていた。グローバリゼーションなどに伴う経済構造の変化、米国流経営手法の流入が意味するもの、雇用形態の多様化の行方などをきちんとフォローしていれば、経営者が従来とはまったく異なる行動に出ることは容易に予見できたはずである。しかし、労組のリーダーたちは概して不勉強だったのみならず、内向き思考で、外の変化を捉える感性にも、変化に立ち向かう勇気にも欠けていた。だから、経営側のリストラ攻勢に直面した際、妥協して後退する以外、なす術がなかったのである。

組合員に上部組織無用論が台頭

一般組合員の間には、すでに八〇年代の前半から、「労組は高い組合費を取っているのに、私たちのために何をしてくれたのか」という不満が鬱積してきていた。それでも、単組に対しては、「職場環境の改善などについて、経営側と地道な交渉をしてくれている。その意味で、労組は必要だ」という理解がある。だが、産業別組織（単産）や、連合のようなナショナルセンターに対しては、とりわけ、賃金引き上げ闘争が事実上、挫折した後は、「なにもしない労組の上部組織はいらない」という無用論が台頭している。

もしも、九〇年代に経営側がリストラ攻勢に出た時、ナショナルセンターや単産が「どんなことがあっても雇用は守る」と決然とした態度を示し、ストライキも辞さない行動に出ていたなら、一般組合員の信頼を取り戻すことができたかもしれない。だが、ナショナルセンターも単産も無為に時を過ごした。それだけではない。企業別労組の最大の欠点である「企業生き残り優先」主義を容認したばかりか、後押しさえした。これでは、強力な統一闘争など組織できるはずがない。

連合や単産が企業別労組の限界を突破できないのは、単組が集めた組合費の一部を上納してもらっているという経済的事情もあるが、上部組織の幹部たちが出身母体の「しっぽ」を付けているからというのが最大の理由である。欧米の先進国の産業別組織では、幹部はほとんど全員が専従で、企業とは無関係だが、日本の場合は、ＵＩゼンセン同盟などを除いて、ほとんどの単産幹部が企業との関係を維持している。労働運動から身を引いた場合、企業に戻る道を残しておくためである。実際に、連合や単産の幹部から退いた後、出身企業の系列会社の社長に就任した例もある。

ある大単産の委員長はこう述べている。

「十数人いる執行委員は業界各社の代表のようなものだ。執行委員会に提出されたテーマについて、出身母体の労組だけでなく企業が受け入れられるかどうかという観点から検討し、発言している。同じ業界で競い合っている企業の利害は当然、異なるから、委員会の意見はなかなか一本化されない。業界各社の利害を考慮していたのでは、強い闘争を組めないことは明らかである。

執行委員に出身母体の企業や労組の利害を超越させるには、やはり、出身母体との関係を絶つことが最も効果的だろう。それが実現できたなら、この単産の活動は質的に大変化する。しかし、私がある日、執行委員会で『私は出身母体との関係を一切絶つことを決意した。皆さんも同調してほしい』と発言したなら、どうなるだろうか。全員が反対するだけでなく、私を異常扱いして、『こんな委員長の下では執行委員を務められない』と全員辞任してしまうかもしれない。執行委員全員が、出身企業との関係を自分の生活を支えるライフラインと考えているのだ」

これが今日の労働組合の実態なのだ。これでは、経営側の厳しいリストラ攻勢に対して無力なのは当然である。労組の力をかつてのように再び強化するには、根本的な体質改善が必要だ。しかし、大単産の委員長が述べているように、単産の執行委員と出身企業の関係を一気に絶つのは容易ではない。まず、労組全体の根本的な体質改善について、単産とナショナルセンターだけでなく、単組の代表も含めて徹底的に議論し、根本改革の方向を決めなければならない。その際の最大のテーマは、いうまでもなく、企業別組合をどうするかである。企業別組合が現在の形のまま存続する限り、不況になれば、企業の生き残りが労組にとっても最重要の活動目標になるし、単産やナショナルセンターの幹部は出身母体の企業との関係を断つことはできない。

だが、企業別労組をどう改革し、その限界を突破するかという問題は、第二次大戦後、労働組合運動が復活して以来約六〇年間、常に、労働界における「古くて新しい問題」である。

企業別組合中心の労組の構造を欧米先進国のように産業別組織中心に、一気に変えられればベストである。しかし、それは、実際問題として不可能だろうから、企業別組合の組合員が産業別組織である単産へ直接加盟するとか、企業別組合と地域労組へダブル加盟することを認めるといった、暫定的措置から始めることが必要だろう。そうすることによって、企業別組合の力を弱める過程で、単産やナショナルセンターの幹部の出身企業との関係を徐々に断って行くのが現実的である。

なぜ「経営者の独走」は始まったのか

労組の最大の任務は「組合員の雇用確保」であり、そのことに対する労組幹部の認識が薄れた時、組織の団結も全体の力も弱まることを、もう一度、強調しておきたい。

最後に、労組の組織率の問題に再度触れておく。

前にも述べたように、組織率は九〇年代に急速に低下し、二〇〇三年中に遂に二〇％を割った。この数字は労組の弱体化と経営側の力量とのアンバランス化を直接的に表現しているが、経営側が九〇年代半ば以降、リストラ攻勢などで「独走」し始めたことについては、単に労使関係からだけではない、もっと広い視野からの考察が必要である。

たとえば、七〇年代半ばの大企業の経営陣を巡る状況を振り返ってみる。当時は、企業の経営陣はその行動をメインバンク（主力銀行）と労組によって、かなり厳しくチェックされていた。メインバンクはその企業に融資している多くの銀行のまとめ役だから、経営者は要求されれば、企業の現状を九〇％は正直に話さなくてはならない。メインバンクは企業の実情に精通しているので、ごまかしは利かない。「コストダウンのため、大規模のリストラをやりたい」と通告したら、「そんなことをしたら、銀行まで評判が悪くなる恐れがある。やり方を変えてほしい」とリストラの撤回を求めることもありうる。しかし、メインバンクという日本の銀行界の伝統的にして強力な存在も、九〇年代前半、バブル崩壊後の大混乱の中で消滅してしまった。

労組は企業の大部分の職場に組合員がいるのだから、その気になりさえすれば、企業の動きを日常的に把握できる。単産が業界の企業別労組の情報を収集して分析し、単組にフィードバックすれば、情報はさらに高度化する。ところが、労組の情報収集意欲がもともと低いのに加え、八〇年代に入ると、情報収集能力が目に見えて落ち始めた。組織率の低下もあるが、組合員の労組幹部に対する信頼感と協力意欲の衰えが最大の原因である。九〇年代に入って、労組の活動の主目的が「企業の生き残り」に変わると、労組の幹部たちの多くは、企業経営陣のチェックが労組の重要な役割であることを忘れてしまった。

もし、労組が九〇年代の不況を迎えて、情報収集能力を強化する一方で、パートタイマーや派遣労働者を組合の中に積極的に取り込んで、組織率の低下を食い止めていたならば、経営側は労組の力を軽視するわけにいかなかったはずである。しかし、労組はまったく逆の行動を取ったから、経営側は九〇年代半ば以降、労組をほとんど無視することができた。

メインバンクが消滅し、労働組合が弱体化すれば、企業経営者にとって、もう怖いものはない。かくして、九〇年代後半に、「コストダウンしか考えない経営者の独走」が始まった。

郵便はがき

料金受取人払

本郷局承認

45

差出有効期間
2007年3月
31日まで
郵便切手は
いりません

113-8790

117

（受取人）
東京都文京区本郷
二-二七-五
ツイン壱岐坂1F

緑風出版

行

ご氏名

ご住所 〒

☎ ( ) E-Mail:

ご職業/学校

本書をどのような方法でお知りになりましたか。

1.新聞・雑誌広告（新聞雑誌名 ）
2.書評（掲載紙・誌名 ）
3.書店の店頭（書店名 ）
4.人の紹介 5.その他（ ）

ご購入書名

ご購入書店名 所在地

ご購読新聞・雑誌名 | このカードを送ったことが | 有・無

取次店番線
この欄は小社で記入します。

ご指定書店名

同書店所在地

購入申込書

小社刊行図書を迅速確実にご入手いただくために、このハガキをご利用下さい。
ご指定の書店あるいは直接お送りいたします。直接送本の場合、送料は一律一六〇円です。

書名

定価　　円

ご注文冊数　　冊

ご氏名

ご住所

☎

［書店様へ］お客様へご連絡下さいますようお願い申しあげます。

読者通信

今回のご購入書名

ご購読ありがとうございました。

◎本書についてのご感想をお聞かせ下さい。

◎本書の誤植・造本・デザイン・定価等でお気付きの点をご指摘下さい。

◎小社刊行図書ですでにご購入されたものの書名をお書き下さい。

このハガキの個人情報は、弊社の本及び目録の案内、発送のみに使用し、個人情報保護法に基づき第三者に漏れないよう、厳重に管理致します。

❖第3章　労組はこの三〇年間、何をしたか❖

日本では第二次大戦敗戦直後に労働組合法（一九四五年）、労働基準法（四七年）などの労働三法が整備され、初めて本格的な労働運動が展開されるようになった。四九年には労組組織率が五〇％を超え、大企業では原則として、役員や管理職を除いて全従業員が組合員となるユニオンショップ制が採用されたため、労組の力は政治的にも経済的にも無視できないものとなった。六〇年代になると高度経済成長の下で、労組は、「物価上昇率プラス・アルファー」といった形での大幅賃金引上げを実現する原動力となり、組織率こそ低下傾向にあったものの、総評、同盟など労働四団体を中心とする労組の力量はいっそう強大化した。しかし、七三年秋の第一次オイルショックによって高度成長にピリオドが打たれると、労使関係は様変わりし、労組の影響力は急降下した。

石油危機後に労使協調に傾斜

第一次オイルショック後の狂乱物価の中で、労組は七四年春闘で三二・九％という記録的大幅賃上げを獲得した。だがその後、ＩＭＦ・ＪＣ（国際金属労連日本協議会）と同盟などからインフレ抑制を目的とする大幅賃上げ自制論が出て、翌七五年春闘では、日本経営者連盟（後に経団連と統合して、日本経団連に）の「賃金引上げ率は生産性向上の範囲内に止めるべきだ」という生産性基本原理の主張に押さえ込まれ、小幅な賃上げに止まった。総評はインフレに苦しむ国民の多くを巻き込んだ「国民春闘」を何度か試みたが、国民は踊らず、逆に「国民をダシに使った春闘戦術」と批判された。一方、同盟やＩＭＦ・ＪＣの加盟労組を中心とする大手民間労組は「生活防衛」と「企業防衛」を同心円的関係とみなす考え方を強め、労使協調路線に傾斜していった。

七九年から八〇年にかけての第二次オイルショック以後、経営側は減量経営と雇用調整を加速させ、新・職能資格制度を導入して人事管理の個別化を進めたり、生産システムを柔軟化することなどによって、いわゆる「日本的経営」を構築し、国際競争力で世界ナンバーワンに躍り出た。減量経営や雇用調整は労働者にとって極めて厳しい労働環境を強いるもので、過労死問題などが初めて浮上したが、総評系を含めて労組は積極的に抵抗せず、むしろ、労使協議を緊密化させた。

八〇年代前半には、労働力の中高年化が進むに伴い、大手企業で大規模なグループ内出向人事が行われるようになり、終身雇用制度は実質的に変質した。経営側は雇用の多様化を積極的に進め、正社員に対しては複線的雇用管理を採用する一方で、パートタイマー、派遣労働者、請負労働者の導入を拡大した。

このような変化は、中長期的にも、雇用システムの根幹を揺るがすような問題を孕んでいたのにもかかわらず、労組の対応は非常に鈍かった。派遣労働者問題では、労働側もそれなりに反応したが、当時の四つのナショナルセンターのうち総評と新産別が反対したのに対し、中立労連は賛成に回り、とりわけ電機連合は、ソフトウェア技術者を大量に必要とする電機業界の利害を背景に、導入に積極的に賛成した。

七〇年代後半以降、春闘がストライキのない「管理春闘」化する一方で、ナショナルセンターも大手の単産もいっせいに政策制度要求闘争に走ったのは、どうしてだろうか。確かに、社会の成熟化とともに、企業レベルの労使協議の限界が明確になり、単産レベルで問題解決を図る場合でも、国の政策や制度が絡む場合が増えた。その意味では、大手単産などが政策制度闘争を活発化させるのは当然といえる。しかし、労組が政策協議づいた背景には、大幅賃上げができなくなり、「日本的経営」の構築に伴う労働条件の悪化を食い止められなくなったことがあるのも間違いなかった。足元の問題に関する日常的な活動からの「逃避」である。

この結果、第一次オイルショック以前は上昇傾向が続いた実質賃金が、一九八〇年に初めてマイナスになるなど生産性上昇に追いつかなくなった。また、工場などでの労働密度が大幅に増し、残業が増加するなど、労働環境は目に見えて悪化した。当然のことながら、工場労働者などの不満は増大した。それだけではない。企業の生産性が大幅に向上したことによって、国際競争力が欧米先進国に比べても断然トップとなり、世界各国に対して集中豪雨的輸出を行った結果、貿易摩擦が激化した。

八〇年代半ばに顕在化した内外経済の齟齬《そご》は、いうまでもなく大企業経営者と官僚が作り出したものだが、市場の行き過ぎを是正する労組の役割を半ば放棄した労組リーダーも責任を免れることはできない。これについては、英国の労働組合総評議会（TUC）に倣って、政府が物価抑制などの施策を講ずることを条件に、労組が賃金引上げを抑制するという『社会契約論』を提唱した同盟も、日本経済を低成長にソフトランディングさせるために賃上げを抑制すべきだと「経済整合性論」を説いた鉄鋼労連も、後に、七〇年代後半からの活動が「産業優先」に傾きすぎたことを認め、反省の弁を述べている。連合も九〇年度版「連合白書」で、「経済成長の質と内容を『産業優先』から『生活重視』に転換すべきだ」という見解を表明した。

日本的経営に終始協力した労組

「日本的経営」の見直しについて、その必要性を強調したのは労組リーダーより、むしろ、一部の経営者だった。世間にショックを与えたのは九〇年代前半に「いずれ経団連会長になる器」と評価されていた盛田昭夫・ソニー会長が九二年二月号に寄稿した「『日本的経営』が危ない」と題した論文で、大手企業が自社の競争力向上を重視するあまりに、従業員や株主、協力会社、地域社会に対して無理を強いてきたきらいがあると、経営者の意識改革を求めた。日経連のトップリーダーの一人で、九〇年代初めに「これからの経営と労働を考える特別委員会」の座長を務めた河毛二郎・元王子製紙会長は九四年一一月、「日本的経営見直しへの提言」と題する論文の中で、「雇用の安定性だけでなく、選択性と安定性が両立できるようなタイプの人事管理システムを整備し、労働の流動性を図ることが必要であり、それが、また、働く人々のニーズにも応える道ではないか」という趣旨の問題提起をした。

経済界リーダーたちの、このような「日本的経営」に対する反省と比べて、「日本的経営」の構築に協力した労働側の反省は不思議なほど曖昧で弱い。連合は九三年九月、『日本の進路』と銘打った、長期展望の上に立った将来への基本方針を発表した。この内容は「お題目」としては立派だが、総花的で、迫力に欠ける。「社会、生活者、勤労者と共生する産業・企業活動の再構築」「人と環境を重視する成長への質的転換」「経済成長の成果の適正配分」「人間尊重の雇用と労働の実現」といった文言は散見されるが、「日本的経営」の下で、労働密度が極度に高まった現場をどう改善するかについては、ほとんど言及していない。また、九〇年代に入っていっそう深刻な課題となった非正規労働者の問題にも、ほとんど触れていない。「日本的経営」に対する認識が甘いのと、多少の路線転換があるとしても、その延長線上に立ち上げられるであろう将来の経営手法への洞察の欠如が災いしているのだろうが、こんなことでは、今後も、経営側と激しく切り結んで「人間尊重の雇用と労働を実現」することは不可能である。

このような連合指導部の態度に物足りなさを感じたのは傘下の組合員だけではない。本来、対立する立場にある経営者の中から労組を叱咤激励する声が聞かれるようになったことに対して、労働界のリーダーたちは何と答えるのだろうか。

永年、住友重機の労務担当役員を務め、日経連常務理事にも就任した兵頭傳氏は『賃金レポート』九三年一〇月号に載った「変革を求められる労使関係」と題する論文で、資本主義経済における労組の役割について、興味深い見解を展開している。要旨は次の通りである。

「ソ連の解体は資本主義の勝利だと考えている人が多いようだが、資本主義社会は資本の効率のために人間の世界に多くの犠牲を強いてきた歴史のあることを忘れてはならない。これまで資本主義は社会主義と対立する緊張感が支えとなって長続きしてきた。社会主義の解体が現実になった今日、企業経営者と労働組合が同一の産業人という意識の上にだけ止まっていると、資本主義のマイナス要因を排除する力は弱まっていかざるをえない。

企業の中の問題を労使が共同で解決していくという企業別労使関係のあり方は変わらないとしても、労組が働く側、生活する側からの声を代表するものとして、企業と対峙してチェック機能を高めていかなくては、公正な住みやすい社会は育たない。

そのためには、労組も企業から一歩外へ出て、産業別の労使関係、あるいは社会レベルの労使関係を通じて経営側をチェックするという姿勢を持たなければならない」

兵頭氏のこの論文は、「産業民主主義」や「労使間のチェック・アンド・バランス」を唱えながら、実際には、企業の内外で経営者に対するチェック機能をはとんど果たしてこなかった七〇年代後半以降の労組に対する痛烈な批判と見ることもできる。兵頭氏がいわんとしているのは「労組は働く者、生活する者の意見を代表するという原点を忘れずに行動してほしい。そのような労組が存在しない場合、企業経営者が、ひいては資本主義が暴走するというのが歴史の教訓だ」ということである。この見解はいくぶん歴史を単純化しすぎている傾向があるとしても、正論である。労組リーダーたちはこの批判を謙虚に受け入れるべきである。

七〇年代二度にわたって起きたオイルショック後の「日本的経営」構築の過程で、経営側にほぼ全面的に譲歩・協力した労組は、八〇年代後半の円高不況でも同じ行動を繰り返した。八九年一一月の連合発足の前後に発表されたいくつかの文書では、「産業重視から生活重視への転換」を謳っているが、九一年にバブルが崩壊し、「失われた一〇年」とも称された長期構造不況期が始まると、大半の単組、単産が軸足を「企業防衛」に戻してしまったのは前に述べた通りである。

第二次大戦敗戦後の労組興隆期から高度経済成長の下で大幅賃上げ（いい換えれば、労働分配率の向上）を実現した時期までは、労組はそれなりに歴史的役割を果たした。確かに、この約二〇年間は「労組が輝いた時代」だった。だが、その後、労組リーダーたちは歴史的役割どころか、労働運動の本来の役割さえ忘れてしまった。「労組よ、目覚めよ」の声が経済界やマスコミを含めて国民の広範な層から幾度も沸き起こったにもかかわらず、労組リーダーたちはいまだ目覚めていない。

さらに悪いことは、労組のリーダーたちが「過去の栄光」を忘れていないことである。善し

働く者の立場をめぐる動き

（注）「日本的経営」「新しい日本的経営」は、おおまかに実際の動きの時期を表示

出所）『WEDGE』2004年4月号

悪しは別として、労組は、経済が右肩上がりの時代はかなり大きな影響力を発揮できた。だが、経済状況が様変わりした今日では、影響力を発揮する基盤さえほとんど持っていない。問題は、リーダーたちがそれに気付いていないことだ。企業経営者はその行動の結果が業績に表れるから、思い違いを悟る機会を持ちえる。政治家は選挙で落選した時、自らの驕《おご》りに気付く場合が多い。ところが、労組リーダーは外部的な業績評価にも選挙にも晒されな

いので、独善に陥る可能性が非常に高い。とりわけ、一つの組織の幹部全体が独善に陥っている場合は、長期間、手の施しようのない状態が続いてしまう。

労組の幹部ほど、初めて会った相手にその身分が分かってしまう「人種」はいない。多くの労組幹部の行動パターンが何十年も前とあまり違っていないからだ。最悪なのは、「労働貴族」の雰囲気を漂わせている幹部たちである。労組リーダーたちと長い間付き合ってきた日本経団連事務局幹部の一人は次のように話している。

「社会も企業も最近三〇年で大きく変わったのに、労組は、組織の構造も内部の空気も、驚くほど旧態依然としている。それに幹部は、相変わらず、カネ使いが荒い。多少、意地悪くいえば、貴族の御曹司か孫を見ているような感じだ」

連合の発足は再生の足掛りにならず

労働戦線の統合、とりわけ連合の発足が、労働運動再生のキッカケになるのではないかといわれた時期がある。しかし、それも徒花《あだばな》であった。厳しくいえば、本来の責務にも歴史的役割にも目覚めていない労組が結集・統一しても、再生の芽が出るはずがない。連合の組織人員八〇〇万という数字に政界やマスコミは一時、瞠目《どうもく》して見せた。だが、弱い労組の集合体に過ぎない連合の「化けの皮」はすぐはがれた。

長期構造不況が始まるとともに、大半の単産と単組が七〇年代以上に「企業防衛」に走ったのに対して、連合はなす術を知らなかった。単産と単組の退却に歯止めをかける力も意欲もなかったからだ。いうまでもなく、経済が大きな困難に遭遇し、労働者の職と職場と生活が危機に晒された時、経済の先行きを正確に予見し、労働者と労組がどう行動したらいいかの戦略を指し示すのがナショナルセンターの最大の役割である。ところが実際は、戦略どころか、経営側の雇用削減攻勢をしのいで、組織の縮小をどう食い止めるかについての戦術さえ提示できなかった。その役割を果たすための力量を連合に備えることを、リーダーたちは忘れていなかったにしても、怠っていたからだ。

その結果がどうだったかは、第一章で述べた通りである。九〇年代後半から二一世紀初めにかけて企業ないし資本主義が暴走し、働く者の職場と生活は荒廃した。それは「社会の荒廃」といい換えてもいい。兵頭氏や盛田氏が九〇年前半に警告したことが現実になったのだ。労組は、ナショナルセンターも産別組織（単産）も企業別労組（単組）も、深い傷を負い、今日でも無力感から立ち上がれない状態でいる。

それでも、構造不況がやっと小康状態に入った二〇〇二年頃から労組の中に再生を求める声が上がり始めた。もちろん、再生への自信がみなぎってきたわけでも、見通しが立ったわけでもない。とりわけ、「守りの姿勢」が身についてしまった幹部たちの動きは依然として鈍い。しかし、連合のトップリーダーたちと、地方の活動家、そして、ほんの一部ではあるが、一般組合員の中に、「このままではいけない。労組と労働運動が化石化しかねない」という危機感が広がり始めたのは事実である。この危機感が再生の動きに発展する可能性はどこまであるのかは、第六章以下で詳しく見ていきたい。

第4章　いま、労組の中で起きていること（1）

札幌地域労組のオルグとして長年、活躍している鈴木一・書記長からこんな話を聞いた。

「札幌市内にある電器部品メーカーの従業員たちから『労働環境があまりにも劣悪だ。社長に話しても埒《らち》があかない。厭なら辞めろ、と怒鳴るだけ。どうしたらいいだろうか』と相談を受けました。そこで、従業員たちと話し合って、数カ月がかりで、何とか労働組合を立ち上げました。ところが、間もなく、連合北海道の幹部から呼び出しを受けたのです。何だろうと訝《いぶか》りながら行ってみると、『鈴木、お前はなんということをやってくれるんだ』と、頭ごなしに怒鳴られました。初めは何のことだか分かりませんでしたが、よく聞くと、その幹部はある大手電機メーカー労組の出身で、系列である電器部品メーカーの社長から『連合はなぜ俺の会社に労働組合を作るんだ、と文句を言われた』というのです。まさか、労組を解消するわけにはいきませんから断って帰ってきましたが、その幹部からはその後も度々、干渉を受けました。

労組は困っている労働者を助けなくてはなりません。ところが、大手企業の労組や産業別組織の幹部の多くは困っている人たちに目を向けようとしません。彼らにとっては自分が属している労組や企業の利害の方が重要なのです。彼らは弱い者の味方ではありません。一種の『特権階級』です。労組に救いを求める未組織労働者が多いのに、彼らは手を差し伸べようともしません。こんな幹部の下では、組織率など向上するはずがありません」

単産と地域労組がしばしば対立

こんな話もある。札幌市で特別養護老人ホームなどを大規模に運営している社会福祉法人が二〇〇〇年に介護保険の開始をきっかけとして実質的な賃金大幅削減を行った。怒った従業員が地域労組の助けを借りて労働組合をつくった。これに対して、経営側は繊維関係の産別組織に第二組合をつくるように働きかけ、その単産の北海道支部は二〇〇二年に第二組合を組織した。その後、第一、第二組合と経営者との三つ巴の争いが続いているが、二〇〇三年八月には、北海道地方労働委員会が、経営者が第二組合に便宜を与えて第一組合の切り崩しを図ったのは不当労働行為であると認めて、不当介入の中止を命じた。

それにしても、なぜ単産は第一組合から見れば「利敵行為」というべき行動に出たのだろうか。同じ連合に属している組織が応援して一つの経営体の中に二つの労組をつくり、相争う状況は、誰が考えてもおかしい。しかも、第二組合をつくった単産は民間労組の中で最大の産業別組織である。

しかし、このグロテスクとも言える状況は今日の労組の姿を象徴している。連合は五九の単産の上に成り立っている。連合大阪、連合北海道のような地方組織の代表は中央の会議で発言はできるが、議決権はない。議決権を持つのは単産の代表だけだ。

例えば、地方組織の代表が「未組織労働者からの相談が非常に増えているから、それに応える活動を活発にしたい。そのために、予算を増やし、スタッフを増員してほしい」と発言したとする。これに対して、カネを出す側の単産が反対しないまでも、無視したなら、地方代表はどうしようもない。議決権を持たないのだから、予算増額についての採決を迫るわけにもいかない。

単産の代表にしてみれば、地方組織を活性化するべく支出を増やすためには、単産に加盟している単組に上納金の増額を承諾させなくてはならない。しかも、地方組織の活動の大切さを理解している単組は極めて少ないから、増額交渉の難航は目に見えている。したがって、単産代表は地方組織の要求に渋い態度を取らざるをえない。

もし、単産を中心とする連合全体の活動が順調なら、地方組織は不満ながらも単産に従わざるをえないと考えるだろう。しかし、現実は、毎年の春闘では賃上げを実現できないだけでなく、労働条件の改善をめぐる闘いでも経営側に押しまくられてきた。そして、連合の発足後一〇年間に、加盟労働者の数は約一〇〇万人も減少した。地方組織の代表たちはこの状況を目の当たりにして、「地方組織にもう少しカネとヒトを回してくれれば、労働者の不当な解雇を食い止めたり、未組織労働者を組織できるのに」という思いを募らせている。しかし、その批判をあからさまには口にできず、単産代表もそれが分かっているため、両者は陰湿な対立を続けることになる。

連合の組織図

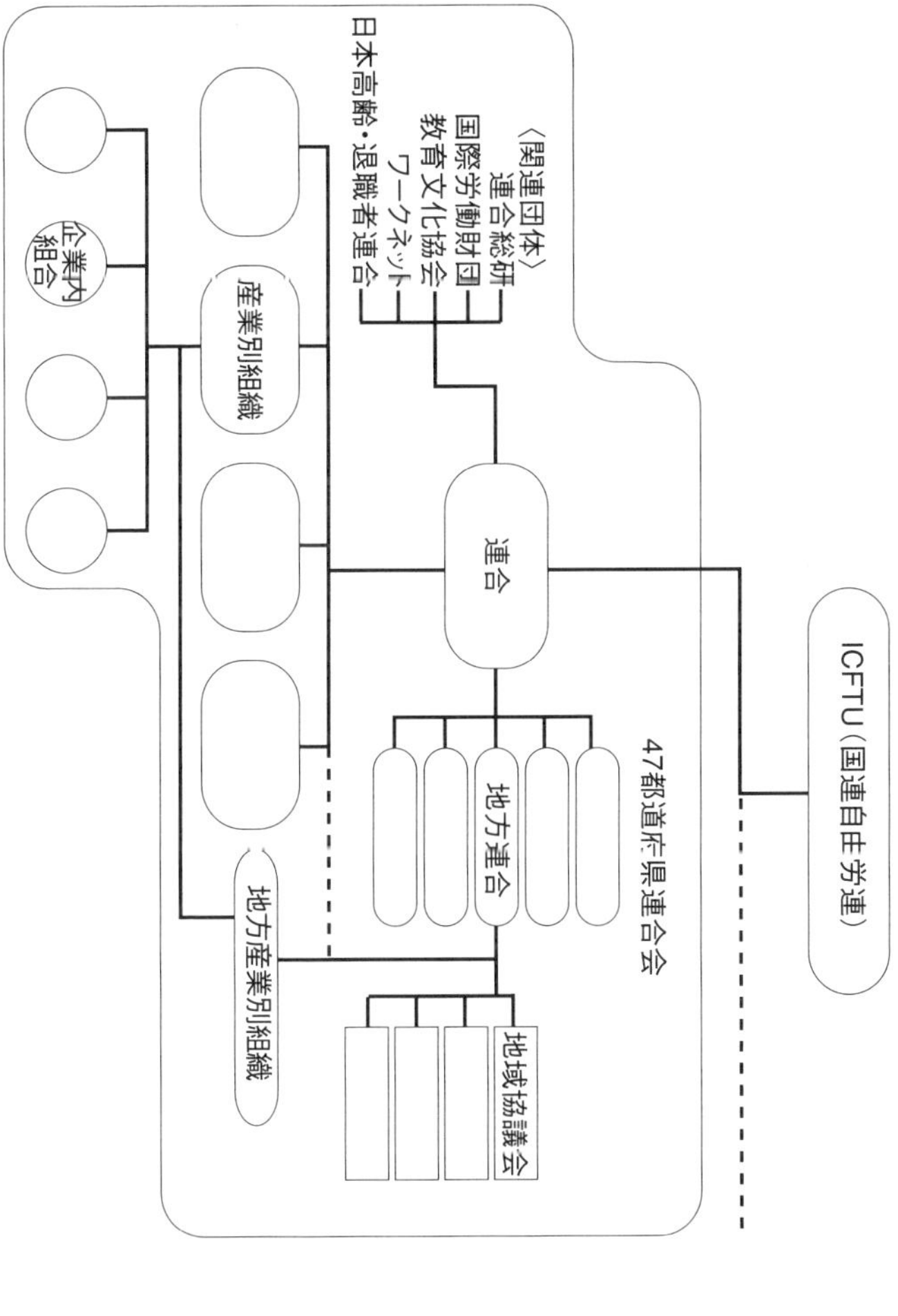
ICFTU（国際自由労連）
連合
〈関連団体〉
連合総研
国際労働財団
教育文化協会
ワークネット
日本高齢・退職者連合
産業別組織
企業内組合
47都道府県連合会
地方連合
地方産業別組織
地域協議会

旧地方組織を切り捨てた連合

このような産業別組織の代表と地方組織代表との対立の素地は、連合の発足時にできた。官民労働組合の連合への統合は総評と同盟に属していた民間労組主導で行われたため、どちらかと言えば総評の影響下にあり、政治的に動く傾向があった地方組織の力を意識的に弱めた。地方によっては事実上、切り捨てたケースもある。地方組織を弱体化させた後、総評や同盟の地方組織が担ってきた中小労組や未組織労働者の問題を単産が積極的に処理すればよかった。だが、大部分の単産はそうしなかったため、地方の中小労組や未組織労働者の要望に応える形で地方組織は徐々に復活してきた。地方組織が復活するとともに独自性を発揮し始めたことに対して、「連合の組織原則に反する」と反発する大単産も少なくない。

連合の本部、地方組織ともトップはもとより主なリーダーは大部分、大手単産の幹部か元幹部である。その結果、本部と同様に地方組織も大手単産の地方支部が主導権を握るはずなのだが、実態はそうなっていない。大手単産が中小企業労組やパートタイマー、派遣労働者など、地方が直面している問題に関心が薄いからだ。何か問題が起きた時、地域労組と、それに加盟している中小労組の幹部たちは指導的立場にある単産が方針を提示するのを待つのが普通である。ところが、「単産は方針どころか、情報もほとんど出さない」と、地域労組などの幹部たちは訴える。これでは地域労組や中小労組の幹部にいくら熱意があっても、活動の成果は上がらない。

労組の地方組織の主な活動対象は、八〇年代半ばまでは中小企業の未組織労働者だった。しかし、現在は対象がパートタイマー、契約労働者、派遣労働者、介護労働者などに大きくシフトしている。これらの労働者が地域労組などに「解雇されそうだ」「正社員との待遇の差が大きすぎる」「労働条件が悪くなりすぎて耐えられない」などと救いを求めて来るのだが、その半分近くが連合の労組がある企業の従業員だという。前にも述べたように、既存の労組の大部分は経営者と同様、非正規労働者を「労働力のバッファー」と考えており、彼らに手を差し伸べることを事実上、拒否してきたからだ。東京の地域労組に駆け込んだパートタイマーの一人は「同じ会社にある連合に属する組合は相談に乗ってくれないどころか、会社と同じ理屈で私をクビにしようとした。その私を連合に属する地域労組が救ってくれた。これはどういうことなのか。どう考えてもおかしい」と首をかしげる。

地域労組の人々が最も腹を立てているのは単産や大手労組の元幹部の行動である。企業の労務担当の顧問などになって、どうしたら労働組合を抑えられるか、労働組合づくりを阻止するにはどうしたらいいかについて、経営者に知恵を授ける元幹部がいる、というのだ。元幹部たちは企業経営者に頼まれて単産、大手労組や地方連合の現役幹部に働きかけたりするので、この章の冒頭で紹介したような、地方連合の幹部が地域労組の活動に干渉するケースが生まれる。

地方におけるこのような状態に対しては、産別組織の幹部の中からも反省の声が上がっている。

「中小企業の労組の問題は、地方で受け止める組織がなかなかないことだ。連合が地方の運動をもう少し充実させていかないと、連合発足当時の期待が崩れかねない。大手民間単産、官公労に加えて、中小を連合の三本柱の一つにできないだろうか。連合の大きな課題となっている組織拡大にしても、産別組織では、特定の単産だけがやっているのが現実。地方連合の日常活動を活発にしない限り、組織は拡大しないと思う」（金属機械関係のJAM幹部）

「中小企業に労組を組織する運動は地方が中心なのだから、地方連合と単組の関係はもっと緊密であるべきだが、実際はきわめて薄い。ともかく、未組織労働者に訴える運動が弱い。もう少し地域での輪を広げた運動を展開してほしい。今はまだ、中央と地方が一体となった運動になっていない」（全国一般幹部）

次に紹介するのは中堅企業や中小企業が多い金属機械業界の二大産業別組織だった金属機械とゼンキン連合が統合してJAMを結成する前に発表した「われわれは何故統一を進めるか」と題する文書である。この中で両組織は統合の意義を説明する一方で、今日の労働運動を大手の企業別労組や、同一資本系列の企業労組がつくる企業連労組がどれだけ害しているかを厳しく批判している。

「労働運動の重要な課題の一つは、働く者の社会的公正労働基準をいかにして確立するかにあります。このことは産業社会における労働価値を正しく評価させ、働く者の人権を守り、社会正義を確固たるものとして定着させ、安心して働くことのできる社会づくりを目指すことを意味します。

わが国の労働組合の組織率の低迷を打ち破るためには、極端に低い組織率である中小企業労働者の組織化をどう実現するかにあるといえます。中小企業は地方・地域に散在するため、組織化のためには専任のオルガナイザー（組織者、「活動家」といってもいい）を全地域に配置し、きめ細かい世話活動を粘り強く実施していくことが何より不可欠な条件であります。しかし、今日の労働運動の主流を占める大産業別組織は企業連組織が多く、地域の世話役活動に専念できる専任のオルガナイザーを抱えているところが大変少ないといわざるをえません。ゼンキン連合、金属機械の両組織は企業連産別とは違い、多くの専任オルガナイザーを地域に配置し、中小企業労働者の世話活動と組織化を積極的に行ってきている数少ない産業別組織であります。このため、両組織を軸とした統一は強く期待されているところです。

世界の国々が注目する素晴らしい経済発展をわが国が続けてきた理由の一つとして、労働組合が企業別に組織化されていることが挙げられてきました。この企業別組合を基盤として大きくなってきた企業連労働組合は、いろいろな面での問題を醸し出してきているといえます。その第一は、資本系列を中心として組織化された組織であるため、資本系列の殻にこもりがちであることです。第二は、資本系列中心の組織であるため、資本系列外の組織に対する関心が薄いだけでなく、グループ外として差別的な取り扱いをする傾向が強いことが挙げられています。

第三は、資本の結び付きにはその核となる中心企業があり、資本の大小、歴史的経過などにより、グループ内の企業秩序ができており、その秩序がそのまま企業連組織の中に持ち込まれて、組合間に上下関係の色合いを払拭できないでいることが挙げられます。第四は、企業連傘下の組合は中心の大手組合任せの状況が強まり、活動の自主性が失われがちになることです。

以上のように、企業連労働組合は良い点もあるものの、労働者の全体的な統一性と活動の活性化、さらに、資本関係からの独立という点で問題点が多いといわざるをえません。

ゼンキン連合、金属機械の両組織は企業連を中心とした組織ではなく、産業別横断組織として資本系列を超越した産別であるだけに、両組織を軸とした統一が実現すれば、企業連化に傾斜する労働運動への歯止め役として、その力量の発揮が期待されるところです。

第二の課題は組織構成です。連合八〇〇万人の構成を見ると、官公労働者二〇〇万、民間大手労組五三〇万、民間中小労組七〇万となっており、その中心は民間の大手組合が大半を占めていることが明らかであります。このことから、連合は大手企業連の活動しかできないという批判が出される状況です。連合が名実ともに輝かしい『連合』であるためには、中小の組織を拡大し、官公労労働者、民間大手労働者、民間中小労働者が二本の活動の軸となることが不可欠な条件であると考えます。

第三の課題は地方組織の充実です。連合が発足して四年しか立たないこともあって、地方組織の配備はまだ完備したものになっていません。都道府県単位の組織はできたものの、地区・地域における組織配備には都道府県によって大きな差が存在しています。それのみか、地方組織の核、運動の中心は中小労働者に焦点が当てられなければならないのに、中央の組織構成をそのまま地方に移した中央のコピー版になっていると言わざるをえません。

統一を目指すゼンキン連合、金属機械を軸とした機械金属における各組織は、これらの連合の課題解決に大きく関わっていく組織です。両組織の統一は第一の基本理念の構築を左右する立場にあるし、第二、第三の中小労働者の組織展開、地方運動に携わる専任オルガナイザーを多数擁する組織として、影響力は限りなく大きいものがあるはずです」

この文書は現在の労働運動の欠陥を鋭く突いている。連合を事実上、支配しているのは、一部の大単産であり、大単産は大手企業労組の意向に逆らうことはできない。今日、大企業は多くの関連会社を抱えるグループ企業体になっているが、大手企業労組もそれと同じような組織を持ち、非常に似通った原理で活動している。企業連労組は企業別労組の欠点を持つだけでなく、規模が大きい分だけ、そのエゴが流す害毒も大きくなる。

大単産や企業連労組の幹部はエリートとして振る舞い、一般的に、同じ産業内の中小企業労働者の問題に関心が薄いため、大単産や企業連労組は、多くの場合、擁しているオルガナイザーの数は非常に少ない。これでは未組織労働者の多い中小企業の問題や、雇用形態の多様化とともに複雑化している地方・地域の問題を解決できるはずがない。だが、大単産や企業連労組の幹部たちは、この問題点を十分に認識していない。そこでゼンキン連合と金属機械のリーダーたちは「中小企業や地方の問題はそれらと関係の深い自分たちが解決するほかない」と考え、歴史的対立を超えて、組織統一に合意した。このような例は過去にもないだけに、労働界全体に衝撃を与えた。両組織は九三年、他の産別組織とともに中小連協（中小連絡共闘協議会、一八〇万人＝当時）をも結成している。

連合の公式地方組織としては、都道府県単位の地方連合会と、その下に地域協議会が設けられている。しかし、これらの組織の活動は、上に紹介した単産幹部の反省でも分かるように、オルガナイザーたちの努力にもかかわらず不十分で、地方、地域の労働者の要望に応えていない。その主な原因は、カネとヒトの決定的な不足に加えて、リーダーであるべき単産支部の幹部、元幹部がリーダーシップをほとんど発揮しないことにある。大部分が未組織の中小企業労働者やさまざまな企業で働く非正規労働者を放置しているだけでなく、一部の地方連合会では、相談に来た労働者をあちこちの部署にたらい回しし、「労組のサービスは役所以下だ」と顰蹙《ひんしゅく》を買った例さえある。

コミュニティー・ユニオンの誕生

このように連合などの地域活動が停滞する中で、八〇年代前半、伝統的な労組とまったく性格の異なる新しいタイプの労働組合が誕生し、九〇年代以降、雇用形態の多様化が進むのに従って、急速に成長している。それは、いわゆる「コミュニティー・ユニオン（地域社会の労働組合）」である。コミュニティー・ユニオンの特徴は、高木郁郎・日本女子大教授と高井晃・東京ユニオン委員長によると、次の三つである。

①　地域そのものを単位として活動する（地域を職場として見立てる）
②　相談活動、パートタイマー条例など地域全体の労働条件の構築や、福祉、共済活動など自主福祉・互助の仕組みづくりに力を注ぐ
③　それぞれのユニオンは地域の独自性、主体性の上に成り立つ独立した存在であり、（単産のように）上下の指令関係はない

それぞれ独立した存在だから活動内容もさまざまだが、多くのユニオンが手懸けている活動は次の六つである。

①　相談活動
②　共済活動
③　職業紹介・就職斡旋
④　地域の暮らしの問題への取り組み
⑤　イベント活動
⑥　組織の拡大

こう見てくると分かるように、コミュニティー・ユニオンは組織原則も活動内容も企業内労組や単産とまったくといっていいほど異なる。労組とNPO（非営利組織）の中間にある組織とも考えられる。今日、新しい種類の社会問題がNPOの手を借りなくては解決しないように、パートタイマー、派遣労働者など非正規労働者の問題を解決するためには、コミュニティー・ユニオンはなくてはならない存在になってきた。

コミュニティー・ユニオンの表向きの活動ではないが、見逃せないのは転職で精神的打撃を受けた労働者に対する治療活動である。労働組合・東京ユニオンの高井晃委員は、「相談に来る労働者の二〇％以上が、解雇、肩たたき、いじめなどで深刻な精神的ダメージを負っている」という。このため、同ユニオンはNPOの精神医療機関と提携して、心のケアーに力を入れているという。

コミュニティー・ユニオンの草分けは東京の「江戸川ユニオン」と大阪の「ユニオンひごろ」である。ともに八〇年代前半に誕生した。現在、コミュニティー・ユニオン全国ネットワークには六七団体、約一万四〇〇〇人が参加しているが、その出自は三つの流れに分類できる。

① 旧総評系の地区労（センター）や旧同盟の地域組織を母体に、「パート一一〇番」などを手始めに相談活動を展開してきた流れ
② 独立した一般労組的な運動体から発展した流れ
③ 地域の市民運動や女性運動などシングル・イッシュー型の運動からユニオン運動に発展した流れ

旧総評と旧同盟の地域組織は、多くの場合、連合発足時に解体された。とりわけ、政治活動を活発に行っていた旧総評の地区労は意識的に解体されたものが多い。幸いにも、施設とスタッフが残った一部地域で、労働運動がコミュニティー・ユニオンの形で再生した。ただ、ここで注意しておかなくてはならないのは、人的、物的な面では旧ナショナルセンターの遺産を利用しているが、コミュニティー・ユニオンは強い独立性を有し、基本的に上部組織を持たないということだ。これはコミュニティー・ユニオン全国ネットワークの一部が全国コミュニティ

ー・ユニオン連合会として二〇〇三年六月、連合に加盟した後も変わらない。地域の独立した一般労組や市民運動団体を母体とするコミュニティー・ユニオンが強い独立性を維持しているのはいうまでもない。コミュニティー・ユニオンは基本的に力の弱い労働者の連帯組織だが、規模の小ささを補うために互いに連帯する。

コミュニティー・ユニオンの中でもとりわけ特異な存在は管理職ユニオンである。九三年に「東京管理職ユニオン」（設楽清嗣書記長）が創設され、その後、大阪、名古屋、札幌、福岡にも同様な組織が生まれた。管理職ユニオンは、名前が示す通り、企業の管理職が助け合うために組織された労働組合である。管理職を務めるサラリーマンは企業の中でも企業意識を最も強く持っている人たちだが、管理職ユニオンは企業の外部に企業横断的に組織されている。

関係者によると、管理職ユニオンが誕生した経緯は次のようだ。

バブル崩壊後の九〇年代初め、大企業を含めた多くの企業は、バブル期に水脹れした組織の減量に乗り出した。目を付けたのは人件費の縮減で、そのためには、年功賃金制の下で高給を取っている管理職を狙い撃ちするのが最も効果的と考えた。しかも、管理職は労組員ではないから、解雇するにあたって労組の了承を取り付ける必要もない。しかし、管理職サラリーマンにしてみれば、「自分は長い間、企業戦士としてがむしゃらに働き、会社に貢献してきた。いまも管理職として重い責任を負っている。長年の貢献に対して、会社がある程度の高給を払うのは当然だ」という自負を持っている。突然の退職勧告に混乱し、まともに対応できないのも無理はない。しかも、企業の中で組織から切り離された管理職は孤立無援である。

大企業が多くの管理職を解雇するのは、日本の企業史上初めての出来事だ。企業から放り出され、肉体的にも精神的にも傷ついた管理職サラリーマンを救う社会的組織などあるはずがない。そこで、これらの孤立無援の管理職サラリーマンに手を差し伸べる組織として管理職ユニオンは創設されたわけだ。

設楽氏は東京管理職ユニオンの組織と運動の性格、特徴を次のように総括している。

①　個人加入の組織である
②　企業・業種・地域を超えて横断的に組織されている
③　組合員の自主的ボランティアによって相談活動や団体交渉活動が行われている
④　組合員一人ひとりの自己決定責任が優先されている
⑤　「指導と救済」という組合員の組織依存主義を廃して、組合員間の徹底したサポート、相互協力を重視している

連合は新旧労組の対立の超越を

管理職ユニオンは、知識、経験ともに豊富なベテランサラリーマンを対象にしているのだか

ら、ユニオンの少数の幹部が「指導と救済」をするのではなく、組合員がお互いに助け合って活動を盛り上げてゆくのは当然である。また、組合員一人ひとりの自己決定責任が優先されるというルールも、管理職ユニオンならではの特徴だ。しかし、上の総括でも分かる通り、管理職ユニオンとコミュニティー・ユニオンの性格は、これまで企業別労組（単組）が相手にしなかった労働者を対象とし、横断的に組織するという点で、非常に似ている。このことは東京管理職ユニオンも認識しており、二〇〇〇年にコミュニティー・ユニオン全国ネットワークに加盟した。二〇〇三年には間接的に連合にも加盟した。

連合傘下の地域労組の復活やコミュニティー・ユニオンの誕生と成長は、労働運動の再生という観点からすれば、明るい材料であることは間違いない。連合も、少なくとも本部段階では、地域労組の復活を後押しし、コミュニティー・ユニオンを迎え入れる方向に舵を切った。しかし、有力な単産・単組の幹部の中には、伝統的な労組と組織原則も違う地方の新しいタイプの労組が連合内部で勢力を広げることを快く思っていない人も多い。これからも、連合をはじめとする伝統的な労組の側が中央と地方、伝統的な労組と新しいタイプの労組を包括する理論を構築しない限り、この二重の対立は解消しないだろう。

第5章　いま、労組の中で起きていること（2）

一九八九年に連合が発足してから一五年が経った。連合の組織人員は発足から数年間、一時的には増加し、九三年夏の総選挙では、連合が支援した野党連合が自民党を破って八党連立の細川内閣をつくるのに成功した。一見、連合の滑り出しは順調で、労働運動の再興隆期が訪れると考えた連合幹部も少なくないようだ。しかし、企業別労組を基盤とし、労使馴れ合いといってもおかしくないような、行過ぎた労使協調で闘争精神と行動力を著しく失った労働組織が、経営側の恥も外聞もないリストラ攻勢に抗すべきもなかった。その後、連合をはじめとする労組は今日に至るまで後退の一途である。連合の中で起きたことを二つの重要な文書を通じて検証してみる。

第一は九三年の第三回大会で公表された「日本の進路」である。その中で、連合執行部は「進路」ができた経緯、目標や取り組み方について、次のように述べている。

「現在の連合への労働戦線統一過程において、労働運動の重要な課題として、賃金・労働条件の引き上げとともに、社会的生活条件の改善による総合生活の実質的な向上の必要性が強調されてきた。そのために、人間・生活重視の視点に立った『政策・制度』の実現が重視され、政推会議から全民労協、民間連合、現在の連合へとその内容は拡大・充実されてきた。この『日本の進路』では、目指すべき社会の姿を明確にし、『政策・制度』の理念と目標を総合的に整理するとともに、それを実現するための日本の政治・経済・社会のシステム・チェンジを提起している。真に豊かな二一世紀の社会を実現するために、連合は『日本の進路』を基本に運動を推進するとともに、『日本の進路』の実現を目指し、運動方針の着実な実行と政策・制度改善の取り組みを通じ、あらゆる努力を払って行く」

内容を知るために、構成を大雑把に見てみよう。

第１章　日本が直面する状況と課題
　１　山積する地球的課題と問われる日本の役割
　２　時代変化に対応しきれない既存の政治・経済・社会システム
第２章　目指すべき日本社会の姿
　１　社会構造に柔軟に対応でき、国民がゆとり・豊かさ・社会的公正を実感できる社会
　２　国際社会の一員として、世界の平和と繁栄への貢献を積極的に推進できる体制の確立
第３章　目標実現の方向とプロセス
〈目標実現のためのシステム改革〉
　１　政治の浄化と本来機能の回復
　２　国民生活向上に直結する効率的で公正な行政システムの確立
　３　社会、生活者、勤労者と共生する産業・企業活動の再構築

4　自立した心豊かな市民社会創造のための社会システムの確立

〈重点指向すべき政策課題〉

1　人間中心・環境重視型社会実現のための経済・社会の質的転換

①人と環境を重視する成長への質的転換

②土地・住宅対策の強化と物価の引き下げ

③環境とエネルギーを重視した社会の実現

④産業構造の改革

2　公正で適正な負担による高度福祉社会の実現

①高齢化時代に対応しうる社会システムを確立

②時代の要請に応えうる公正で適正な税体系の確立

3　先進国にふさわしい勤労者生活の実現と生活の質の向上

①労働時間短縮、雇用の確保、安全で働きがいのある勤労者の生活の実現

②基本的労働条件のミニマム確保と格差是正

③生活の質の向上とゆとりの回復

4　不公正な格差の是正による開かれた社会の実現

①女性の社会参加と男女平等社会の実現

②障害者が生き生きと暮らせる社会づくり

③企業規模間格差の是正
④地域間格差の是正
5　均衡ある国土形成、地域社会の活性化
6　国際社会における役割の積極的発揮
第4章　目標実現における労働組合の役割と責任
1　経済成長の成果の適正配分
2　人間・生活重視の視点に立った政策・制度の改善
3　社会と共生する産業づくり
4　国民本位の公共サービスの追求
5　住民主体の地域づくりにおける役割の積極的発揮

行動の決意伝わらぬ「日本の進路」

「日本の進路」は、八〇年代から大手民間労組が中心となって構築を図ってきた、連合系労組組織の「人間中心で環境を重視する社会を実現しよう」という方針を集大成したものである。労組が社会的に広い視野に立った政策・制度に関する方針を打ち出すことはいいことだ。しかし、この文書が発表されたのが、春闘が行き詰まり、実質賃金さえ維持するのが危なくなったばかりか、経営側のリストラ攻勢が始まった時期であることを考えると、このような政策・制度についての方針が、労組としてどれほどの優先度を持つものか、疑問を感じた人も多かったに違いない。九三年春闘は実質賃金水準を辛くも守るという結果だったし、九四年春闘は春闘史上初の賃金減額となったからだ。

内容は、経済白書、国民生活白書、環境白書など政府の白書類との類似点が多いものの、働く者の立場から政策や制度を組み立て直そうとしている点は評価できる。問題は、掲げた目標をどのように実現するかにほとんど言及していない点だ。政策や制度の改革を求めて労組が政府や財界に圧力をかけたり、国民の注意を喚起するためには、職場活動や地域活動を活発化する必要がある。場合によっては、大規模なデモンストレーションを組織したり、ストライキを打つことも避けてはならない。

ところが、「日本の進路」を読んでも、目標を実現しようという、労働組合らしい行動的な決意が伝わってこない。だから、国民やマスコミから「お題目は立派だが、肝心の足元の問題が書いてない」「政策・制度要求を派手にやることによって、組合員の目を職場や地域などの足元の問題に向けさせないようにし、経営側との対決を回避しているのではないか」といった批判が続出するのだ。連合内部からさえ、「連合が政策・制度要求をつくるのはいいが、なぜ実行を産別組織に押し付け、要求運動に多くの労働者が参加することによって下から盛り上がるように自ら組織しないのか」という疑問が出た。

　このような批判や疑問は正鵠《せいこく》を得たものである。政策・制度の改革・改善を求めるのはいいが、少なくとも同時に、目標を実現するために、長年の労使間の馴れ合いによって弱体化した自らの行動力をいかに再生するかについて問題を提起すべきだった。労組に限らず、どんな組織でも、自らの足腰が弱っている場合、まず、その強化に力を注がなくては、その主張を世間は本気で受け取ってくれない。だから、「日本の進路」が世間から注目されたのは僅かの間で、政策と制度に与えた影響も大きくはなかった。

「二一世紀ビジョン」も内部の利害優先

　検証すべき第二の文書は、連合が二〇〇一年一〇月の第七回定期大会に提出し決定した特別報告「二一世紀を切り開く連合運動――二一世紀連合ビジョン」である。

　この報告は、日本の労働運動が現状のままでは二一世紀の早い段階で事実上、崩壊してしまうに違いないという危機感の上に立っている。そうした危機感に基づいて、連合の主体的問題として運動のあり方を見直し、二一世紀という新しい時代における労働組合の存在意義を明らかにするとともに、構成組織、地域組織、単位組合を含めた連合労働運動が目指すべき方向性を指している。

　この特別報告をまとめた「連合二一世紀への挑戦委員会」は、九九年二月に正式スタートした。メンバーには、各産業部門を代表する連合副会長や中央執行委員など構成組織の代表、地方連合会の代表に加えて、正村公宏・専修大学教授、高木郁郎・日本女子大学教授ら連合と関係の深い学者や研究者多数が参加した。

同委員会は、一年半余をかけて「二一世紀ビジョン」案をまとめ、二〇〇〇年一〇月に開かれた第三三回中央委員会に報告した。連合はその後一年間、この案を内部討議にかけた。すなわち、すべての単産、すべての地方組織で学習会、討論集会やシンポジウムを開いて、意見の集約を図った。

このような作成経過を見れば分かるように、「二一世紀連合ビジョン」づくりには多くの外部の学者や研究者が携わっているが、最終的には、連合の組織討議に諮《はか》って決定されたものである。したがって、このビジョンの中で、労働運動の危機や再建する上での問題点は十分認識されているにも拘らず、ビジョンは有力単産や大手単組の利害を色濃く反映したものとなった。

「連合二一世紀への挑戦委員会」の主査を務めた笹森清・事務局長（当時、現在は会長）が執筆した「二一世紀連合ビジョン」の前書きに次のような文章がある。

「労働者にとっては、労働組合の存在自体が最大のセイフティーネットなのである。労働組合は、変化する状況に対応しつつ、職場における機能と社会的役割を再構築して行く必要性を迫られている。そして、労働者の職業生活のあらゆる局面で、『困った時には組合がある』ことを実証していくことが求められている。

一国の労働運動の力は、ナショナルセンターの力量に表現される。ナショナルセンターの強い国の労働運動は強い。その下で、働く者の権利と生活がよりよく守られる。連合と、それを構成する産別組織、職場に根を持つ単位組合のそれぞれの役割と責任を明確にしつつ、各級組織の機能を強化し、一体的な運動を進めることを通じて、総体としての連合運動を強化していこう」

ここに書かれていることはまったく正しい。最近の労働者はそう思っていないだろうが、労働組合の存在自体が労働者にとっての最大のセイフティーネットなのである。労働運動を再建・強化するためには、ナショナルセンター、単産、単組がそれぞれの役割と責任を明確にした上で機能を強化し、一体的に活動することが不可欠だ。ところが、「二一世紀ビジョン」の内容を点検してみると、笹森氏の主張とは異なる記述が数多く見受けられる。そのようなことが起きる最大の原因は、七〇年代の石油危機以来、労組の力を骨抜きにした、行き過ぎた労使協調に対する反省が極めて足りないことである。

「ビジョン」の最大の問題点は、七〇年代のスタグフレーション（経済が低成長なのに物価が高い状態）期や九〇年代の長期不況期にその限界を露呈した企業別労組に対する認識の甘さである。次の二つの記述を見てほしい。

企業別組合と春闘を自画自賛

「日本の労働組合は、通常、企業別を基礎単位としている。しかし、同時に、その運動が社会的な統一機能、代表機能を持っていることが、力の源泉であることが自覚されねばならない。企業別組合の形態をとることによって、企業中心型社会に傾斜し易いという歪みは持ちながら、現代産業社会にも適合する日本的な産業民主主義を発展させる基盤ともなってきた。

企業別のレベルでは、欧米に見られない労使協議制などの労働者参加制度が発達し、長期安定雇用を前提とした合意形成と人的能力開発に基づく柔軟性（安定性＋柔軟性、フレックスキュリティー）が目指されている。これが変化への適応力と雇用の安易な削減の回避をもたらす源泉である。これは、戦後の最初の二〇年間での多くの解雇反対闘争と長期労働争議の経験から経営者と労働組合が学び、相互信頼型の労使関係をつくる中で形成されてきたシステムである。

日本経済がかつてない長期の低成長に見舞われた一九九〇年代の困難な時期においても、失業を相対的に抑制してきた背景の一つには、この日本型の労使関係の長所がある。すなわち、雇用重視を基本に、企業レベルのパートナーシップに止まらず、産業別レベルや地域レベル、そして中央の労使団体レベルでの社会パートナーシップを築き上げ、荒々しい市場競争の嵐からの防波堤にしてきた」

「日本では、賃金などの労働条件は企業別の要求・交渉・決定という形式を取りつつ、その前段や交渉の最中においても産業別組合・地域別組織あるいは全国センターなどで協議を通じて各レベルで系統的かつ綿密な情報共有・情報交換が行われる。それによって個別企業別組合を越えた社会的な合理性ある枠組みの下での意思統一と行動が組織される。企業別の交渉妥結と同時に、それは産業別・地域別の情報として共有され、未妥結組合の標準とされる。これが『春闘』として毎年積み重ねられることにより、所得水準の平準化が徐々に実現し、平等性があるとされる日本社会が機能的に形成されてきた。日本の労働協約は、欧州のような強制拡張適用の制度を持たないのに、それに匹敵する社会的拡張機能をこれまでの春闘装置が果たしてきている。これは、労働組合の政策制度運動が、決して組織労働者のみの利益追求ではなく、社会全体の雇用労働者の利益を代表するよう目指してきたことと同様に、労働組合に社会代表機能をもたらす装置となってきた」

上の二つの記述は、企業別労組と、個別企業を舞台に行われる春闘の現状をほぼ一〇〇％肯定している。企業別労組と春闘が労働者に利益をもたらしてきたばかりでなく、社会の健全な発展にも貢献してきたというのである。日本の経済社会の、第二次大戦後約六〇年間の歴史を振り返った時、企業別労組と春闘がそのような役割をある程度まで果たしたのは確かである。しかし、そのような評価をまともに与えることができるのは、第三章で述べたように、せいぜい第一次石油危機（七三年）までの高度成長期だけである。この時期でも、日本の産業構造が大企業と中小企業からなる二重構造だったように、労働者の世界も、組織された大企業労働者と未組織の中小・零細企業労働者にはっきりと分かれており、雇用を重視する労使関係に守られたのも、また春闘によるかなり高額のベースアップの恩恵に浴したのも、大企業労働者だけだった。

石油危機以降、今日に至るまでの三〇年間についていえば、企業別労組が中小企業労働者はもちろん、大企業労働者にさえ、大きな利益をもたらしたとは評価できない。方針の良し悪しはともかくとして、当時の二大ナショナルセンターのうち、総評は石油危機後も高額賃上げ要求を掲げ続けようとした。その足を引っ張ったのは傘下の大企業労組である。事実上、すべての大企業労組と、それが主導権を握る大手民間単産がナショナルセンターの方針に従おうとせず、経営者と手を組んで、企業生き残りに全力を注いだ。今から振り返ってみると、この時から「行過ぎた労使協調」が始まったといえる。「労使の癒着」と呼んでもいいだろう。

労組幹部のパラダイムが大転換

欧米の先進国では、経済や社会の状況によって労使が手を組むことがあっても、あくまでも労使はお互いに異質の存在であって、共通の利益を得られる範囲だけで協調し、それがなくなれば対立関係に戻るというのが常識である。ところが、日本の場合は違った。経営者と労組が同じ立場に立って、同じ考え方をしてしまった。なぜ、こんなことが起きたのだろうか。田端博邦・東大教授は「石油危機でショックを受けた労組リーダーのパラダイム（思考の枠組み）が大転換した」という説をとり、次のように述べている。

「労組のトップリーダーの中には、石油危機の後も、賃金、労働条件の両面で、強い要求を出し続けるべきだと考えた人はいました。ところが、企業労組のリーダーが崩れてしまって、ナショナルセンターとしても、産別組織としても、強い要求を出せなくなってしまったのです。当時、マスコミが『日本沈没』などと危機感を煽り立てました。それを受けて、企業労組のリーダーたちはいっせいに企業生き残り優先に走ってしまいました。

日本の労組は企業別労組ですから、企業の利害を重視する構造になっています。また、リーダーたちのパラダイムが石油危機の後、大転換したと思います。高度成長経済の下では、『高度成長は永久に続く』というパラダイムだったのが、石油危機後は『国内外の企業の生き残り競争は永久に続く』という正反対のパラダイムに変わってしまったのです。このパラダイムは八〇年代も変わらず、九〇年代の長期構造不況期にさらに強まりました。

欧米では、どんなに厳しい不況の最中でも、経営者と労組リーダーが同じ考え方をしたり同じ立場に立つことはありませんでした。労組の基本的な構造が産業別の横断的組織で、労組リーダーが企業から独立していることが、日本の労組リーダーと違って、よほどのことがない限り、経営者と同じような行動様式をとらない大きな原因だと思います」

田端教授のこの見方は、かなり的を射ていると思われる。というのは、八〇年代に入って、日本の大企業が世界一の国際競争力を持ち、大幅な利益を挙げるようになっても、労組リーダーたちの労使協調重視の行動様式が変わらなかったからだ。もしも、景気の好転に伴ってパラダイムが元に戻るか、経営者とは立場を異にする、新しいパラダイムに転換していたなら、七〇年代と同じ行動をとることはとうてい考えられないからである。

連合の組織外の人々はもちろん、連合傘下の一般組合員でさえも理解できないのは、九〇年代半ばから始まった経営者側の激しいリストラ攻勢によって大企業の正社員までが大量解雇されてきたのにもかかわらず、「二一世紀ビジョン」が、「（経営者と労組が）産業別、地域、そして中央のレベルでの社会パートナーシップを築き上げ、荒々しい市場競争の嵐からの防波堤にしてきた」と述べていることだ。これは明らかに事実認識の誤りである。もし、連合や大手単産の幹部が労使協調偏重主義に毒されていなかったなら、このような記述をすることは決してなかっただろう。

「二一世紀ビジョン」を執筆した「二一世紀への挑戦委員会」もこの記述だけではまずいと考えたようで、次のような文章を付け加えている。

「ところが、近年に至り不況の長期化やグローバル化を理由として、経営側がこのような歴史的経緯を無視して一方的な雇用削減を強行しようとする動きが目立っている。そして、このような強圧的な経営姿勢の下で、企業別労働組合機能の持つ本来のメリットである労使協議機能や労働者個人の悩みを吸い上げていく労働者参加型の職場機能が軽視されるなどの停滞・後退が見られる。そのことが、職場と社会で労働組合の存在が見えないといわれる背景に他ならない。労働組合は職場の労働者を代表することに日常活動の基本を置かなければならない。それが労働組合内部の空洞化を回避する基本である」

闘争精神を失った連合指導部

この記述は説得力に欠ける。経営側の一方的かつ強圧的な姿勢を批判するのは当然だが、それにどう対抗するかという決意も具体策も何ら提示していない。労使協議で問題解決を図る気もなく、一方的にリストラ攻勢をかけてくる経営者に「なぜ労使協議のルールを守らないのか」と抗議するだけの姿勢は、「連帯した労働者の力で経営者に対抗し、自らの利益を守る」という労働運動の原点を忘れたものといわざるをえない。労組幹部が自らの労使協議偏重の考え方を改め、闘う精神を取り戻さない限り、経営者を話し合いの場に連れ戻すことも、労組内部の空洞化を防ぐこともできない。

春闘は、九〇年代前半から機能不全に陥った。連合は、要求内容や闘争手法を改善して機能回復を図ったが、その試みは今日に至るまで成功していない。近年は中小企業の賃金引上げに力を注いでいるが、これも成果を挙げているとはいえない。そんな状況の中で、なぜ、「(春闘が)労働組合に社会代表機能をもたらす装置となってきた」というような記述をするのだろうか。たぶん、連合幹部が高度成長期の春闘に抱いているノスタルジアの反映だろうが、もし、記述どおりの認識を持っているとしたら、あまりにも甘すぎる。

「二一世紀連合ビジョン」は、最後の三分の一弱の部分で、「連合が目指す社会を実現するには、どうしたらいいか」という課題に触れ、運動の力と組織の力の強化の必要性を強調している。だが、企業別組合の存続に強くこだわっているため、効果的な強化策は打ち出せていない。「基盤となる企業別組合の活性化」という項目では、次のように述べている。

「企業別組合は日本の長期雇用に根拠を持つものであり、今後とも基本的形態であり続けるだろう。企業別組合は職場の諸問題に取り組む上で有利な組織形態であるが、雇用・就業形態の多様化など職場条件の変化は、企業別組合が正規従業員限定という限界を突き破って新たな役割を果たすことを迫っている。

一連の企業不祥事では、労働組合がチェック機能を果たしているかどうかが厳しく問われた。現実に、団体交渉や労使交渉の回数が統計上、減っている。労使対等の立場で、賃上げだけでなく、採用、出向、配転、転籍、昇進、昇格や安全・衛生など労働条件のひとつひとつについて交渉するとともに、苦情処理の機能を高めること。また、経営上の問題について必要な情報を求め、企業が社会的責任を果たしていくよう積極的に発言していくことも重要である」

日本の労働運動が「独立した運動」「経営側に対抗できる運動」にならなかった大きな原因が「企業別労組の限界」を超えられなかったことにあることは、前にも述べたように、歴史的事実である。奇妙なのは、「ビジョン」を見る限り、「企業別労組を基盤とする労働運動の弱さ」に対する危機感がほとんど見られないことだ。確かに、企業別労組に代わる労働運動の基盤をつくることは現実問題として非常に難しい。だが、非正規労働者を組合に取り込み、細かい労働条件までも労使交渉の対象とし、組合員の苦情相談を何でも受け付けるようにすれば、企業別労組の限界を突破できるなどとは、とても思えない。

産業横断的要求を強めるために単産の力を強化するとか、組合員に地域労組に二重加盟することを認めるといった、企業別労組の弱点を補う抜本的な発想がなぜ出てこないのだろうか。単組、単産、ナショナルセンターの各レベルを通じて、ほとんどすべての労組幹部が意識の上で「企業の壁」を超えていず、七〇年代以来、行過ぎた労使協調という「ぬるま湯」に浸り続けてきたからだ。労組幹部が自ら意識改革をしない限り、再び組織率を上げられる強力な再生策など生まれようがない。「企業の壁」を超えずして、「均等待遇」を初めとする非正規労働者の問題に正面から取り組めるはずがないではないか。

大企業がグループ化や国際化を進めるのに対応して、企業グループ労連の役割が増すのは当然である。しかし、既存の企業グループ労連を見ると、いくつかの大きな欠点がある。まず、企業経営における親会社、子会社の関係が労組にも持ち込まれている。親会社の労組の規模が大きいことから全体をリードする役割を担うのは当然としても、親会社と子会社の賃金や労働条件の差を容認する例の多いのは大きな問題だ。次に、産業別組織（単産）の中で特定の企業グループ労連の力が大きくなり過ぎることも問題である。最悪の場合、そのエゴが罷り通り、中堅・中小労組の利害はほとんど無視されることになる。第三に、「ビジョン」はグループ内企業の組織化の責任をグループ労連に負わせようとしているが、現実の問題として無理だろう。大企業が買収した企業に労組がない場合、グループ労連が組織化の働きかけをすることは望ましい。しかし、グループ労連は企業別労組の欠点をそのまま持っているから、グループ内といえども他企業を組織化する意欲も能力も極めて乏しい。グループ労連を組織化の核と見做すかどうかについては、企業別労組の欠点の問題に立ち戻って、再検討すべきである。

組合費の配分構造の再検討を

企業別労組の欠陥をどう改めるかを考えるにあたって、重要な記述が「ビジョン」にはある。

労組の財政構造の見直しを提唱している部分である。これによると、企業・事業所レベルの単組が組合員から徴収している組合費は一人当たり月額平均四九五九円、そのうち上部団体の単産へは平均五八五円、さらにナショナルセンターである連合へは七八円が納入されるという。これで分かるように、組合費の八七％が単組で使われている。

「組合費は単組が給与から天引きなどの形で徴収するのだから、単組が多く使うのは当然」という考え方もあるが、八七％はいかにも多過ぎる。とりわけ、八〇年代以降は、企業レベルの労使交渉では解決しない問題が増えているだけに、単組偏重の財政構造は単組の組合員のためにもならない。労組の潜在力を最も効果的に引き出すためには、単組、単産、地域労組、ナショナルセンターの役割分担を見直すとともに、活動の裏付けとなる組合費の配分構造を再検討すべきである。

第6章 「労組のあるべき姿」連合評価報告書はこう作られた（1）

連合は、二〇〇一年一〇月に開いた第七回定期大会で決めた運動方針の中で、第三者による「評価委員会」の設置を打ち出した。社会の諸分野を代表する外部の人々からの意見を連合の運動・運営に反映させて行こうという狙いである。第一回の評価委員会は翌二〇〇二年三月一八日に開催された。メンバーを改めて示すと次の七人である。

- 中坊公平（元日本弁護士連合会会長）＝座長
- 神野直彦（東大経済学部長）＝副座長
- 大沢真理（東大社会科学研究所教授）
- 寺島実郎（財団法人日本総合研究所理事長）
- イーデス・ハンソン（アムネスティ・インターナショナル日本特別顧問）
- 吉永みち子（文筆家）
- 早房長治（地球市民ジャーナリスト工房代表）

〈第一回評価委員会〉――二〇〇二年三月一八日

連合は執行部の責任で「連合二一世紀ビジョン」を策定した直後に外部委員による「評価委員会」を発足させることを決めた。なぜなのか。イニシァティブをとったのは笹森清会長である。

評価委員会の風景

連合を構成している単産の幹部の中からは、「長い時間をかけて『二一世紀ビジョン』をつくり、それが実行段階に入ろうとしている時に、なぜ、また、外部の人間による評価委員会を設置する必要があるのか。『二一世紀ビジョン』は、私たちが従来の労働運動の欠点を真剣に反省し、新しい方向性を自ら指し示したものだ。笹森会長はこれを否定しようというのか。しかも、外部の人たちの助けを借りなければ、新しい労働運動は構築できないと考えているのだろうか」といった批判の声も挙がった。

しかし、笹森氏は反対を押し切った。会長に近い人々によると、笹森氏は『二一世紀ビジョン』を自らが実務責任者として完成させたものの、長い内部討議の過程で、組織強化・拡大、企業別労組の体質転換や地域労働運動の強化などの面で保守派から巻き返しを受けたことに、強い不満を持っていたといわれる。しかも、内容が改良的なものに止まった結果、連合の組織全体に、改革に向けての強いインパクトを与えることができなかったことに危機感を抱いたようだ。

笹森氏は後に「私たちが目指す『労働を中心とする福祉型社会』を実現するためには、まず、連合自体が体質を大転換し、量質両面で力を付けなくてはならない。ところが、体質転換のための議論は四年も時間をかけたのにまとまらなかった。私は内部討議にいくら時間をかけても連合の体質改革はできないと判断した。だから、『二一世紀ビジョン』を公表した直後に、第三者による評価委員会を提案した」と話している。

笹森氏は評価委の挨拶で、このような事情に具体的には触れていない。しかし、中坊氏はじめ七人の評価委員は「笹森氏は組織の長にもかかわらず、守りの姿勢はほとんどない。身を投げ出して、外部の人間である私たちの助けを求めている」と感じ取った。評価委員は全員が労働問題の「門外漢」で、しかも働いている分野もまったくバラバラである。従って、委員の誰もが、第一回の会合に集まった時、「何をしたらいいのか」「連合の組合員にインパクトを与えるような助言を一致して導き出せるだろうか」という二つの懸念を抱えていた。だが、笹森氏の挨拶を聞くうちに、「本気でいいアイディアを出し合い、実のある討議をして、労働運動再生の起爆剤になるようなアドバイスをつくり上げよう」という気持ちが七人の間に広がっていった。

連合事務局が最初に提示した計画では、評価委員会は一年半余で五回の会合を持って、報告書をまとめることになっていた。しかし、委員の間から「五回では時間的に不十分で、満足な討議ができない」という意見が出て、評価委と評価委の間に作業委員会を開き、議論を深めることになった。作業委は全員参加で、実質的に評価委と同じ。開催回数は結局、六回に及んだ。

評価委員から厳しい批判相次ぐ

第一回評価委では、委員全員が労働運動と連合についてどう考えているかを述べ合い、自由討論を行ったが、委員からは厳しい批判が相次いだ。

●F委員「私にとって、連合の一二年間の歴史は失望の連続だった。労働者にとって最も重要な雇用さえ守れないし、春闘も何をやっているのか分からない。労組が企業別にできているという構造に大きな問題があるのではないか。また、長い歴史の中で、組織にエゴが根付き、行動を守りに走らせている」

●C委員「労組は、今後、社会的存在意義をどういう形で持つのかについて、歴史的あるいは社会構造的に理論武装をし直さなければならない局面にきている。ポイントは、例えば、マネーゲーム化したグローバルな資本主義の荒廃にどう対処するか、IT化の中で『働く』

ということの価値をどう意味づけていくか、新しい『分配の基軸』をどのように構築するか、などだ。また、労組は、六〇歳以上の人が社会参画してゆく仕組みについて、しっかりしたビジョンを打ち出さなければならない」

●D委員「連合には、女性の存在感が希薄すぎる。女性差別を訴える裁判を起こした女性たちの話を聞いても、労組のサポートが見えてこない。パートタイマーの問題にしても、そのしんどさを実感として分かっている女性の代表が労働組合活動の前面に出てこないと、何かするのは難しい」

●B委員「連合のイメージは一般にはズタズタだと思う。自治労の不祥事のような腐敗はなぜ起きたのか。自分たちがどう受け止めたのかを明確にしていかないと、生まれ変わることはできないだろう。巷では、労組幹部と経営者の癒着なんて当たり前のようにいわれている。組織としての問題がクリアできないで組織の強化・拡大といっても、実際は難しいだろう」

●E委員「いま、中高年の失業問題ばかりがクローズアップされるが、雇用機会の不足ということでは若い人の方が大変な状況にある。コンスタントに働けないし、その結果、働く場での規律や働きがいを経験しないまま中年になってしまう。そういう世代が層として出てきている。これに対して、労働者の連帯で何ができるのかを考えていかなくてはならない」

●Ａ委員「労組の本来の任務は二つある。一つは経営者と働く者との関係を調整すること。もう一つは働く者同士の連帯・協力だが、この点が弱かったのではないか。今後は働く者同士の連帯・協力という運動の方が重要だと思う」

●中坊座長「事務局から提出された資料に、戦後の労働運動は、抵抗の時代から要求の時代を経て、参加の時代になっていると書かれている。そして、参加の時代のキャッチフレーズが『ゆとり・豊かさ・社会的公正』という言葉で表されている。しかし、ここにはまったく危機感が感じられない」

〈第二回評価委〉――二〇〇二年七月一日

七月一日、連合執行部から笹森会長、草野忠義事務局長のほか、榊原長一会長代行（日教組委員長）と七人の副会長（大手単産のトップ）が出席し、労働運動の現状に対する認識や反省の弁を述べた。大部分の発言は危機感の薄いものだったが、繊維・化学産業や流通業を組織する単産出身のＴ氏は厳しい自己批判を展開した。その要旨は次の通りである。

連合執行部からも自己批判

「いま、労働運動は量と質の両面でおかしくなっている。組織人員は、連合結成から一二年間で一〇〇万人も減少しているが、その理由をきちんとフォローできていない我々の運動に問題があるということだろう。量的の面での減少に歯止めがかけられず、組織率は二〇・七％まで低下しているが、このままではさらに低下するだろう。では、組織率が低下していく一番の原因は何なのか。日本の労働組合は企業毎に、いわゆる正社員・フルタイマーだけを『お客さん』にしてきた。そういう企業別労働組合を中心にやってきているが、その主たる『お客さん』である正社員の比率がどんどん下がっている。流通・サービス産業だけではなくて、製造業なども含めてほとんどの産業で、かつては九割から九割五分いた正社員の比率が低下し、すでに正社員比率五％という職場まで出てきている。そういう状況があるにもかかわらず、いつまでも正社員のみを相手にしているから組織率の低下に歯止めがかけられない。

もう一つ、質の面でも、運動が『根腐れ』してきているのではないか。背景には、マンネリ化した運動や、組合員の意識の変化などがあるといわれているが、いま、労働運動に一番求められているのは、不公正や不条理なるものへの拮抗力《きっこうりょく》（＝対抗力）であり、それを正すための運動だと思う。社会的にも、職場にも、不条理や不公正はあると思うが、一つひとつの事象を見る我々の感度が劣化している。また、組合員と組合役員の間の信頼関係も劣化し、揺らいでいるのではないか。そういう状況が職場で起こっているとしたら、職場での問題解決、苦情処理などの実現度合いは低下する。職場で起こっている問題点を吸い上げる力も落ちてきているのではないか。

そういう意味では、質と量の両面で、逢着している問題点をどう解決・改善していくのか。労働組合が最も保守的であり、自分たちで変える力を持てず、自浄能力に欠けるといわれている。労働組合の役員は観念論ばかりで怒りを忘れているとの社会的批判を受けているが、社会が労働運動に求めている感覚とのギャップをどうしたら狭めていけるのか。組合役員と組合員の間の信頼関係の揺らぎをどう直していくのか。そんなことを最近、特に考えている」

評価委員による討議では、E委員から「大手スーパーはパートの戦力化に本気で動いているが、正社員とパートの待遇の均等化なしには、本当の戦力化はありえない」という意見が出て、他の委員も賛成した。D委員は「パートの大部分は女性だが、女性差別の問題は地方の方が深刻だ。差別を受けた人が相談できるところもない。労組も、内部は上下関係が強く、非民主的で、組合員以外のパートや非正規社員は切り捨てていい、と明言する組合役員もいるという」と、地方の実情を報告した。C委員は「分配の基軸をどうするかが大きな問題だ。労組は経済が右肩上がりだった時代の分配論を引きずっている」と、新しい分配論の構築の必要性を強調した。A委員は「日本的経営が崩壊していく中で、それへの対応として抜けていることがある。私は最近、『社会的セーフティーネット』ではなく、『社会的トランポリン』といっているが、落ちた人を救うだけではなくて、もう一度、元に戻してあげることが必要だと考えている」と、公的私的、両方の労働者再教育システムの必要性を指摘した。

中坊氏は最近、視察した機械工場を例に引きながら、「この工場は長い間、技術レベルが低く、職場では第一組合と第二組合が激しく対立していた。その結果、労働災害が多発した。ある時、経営者が労災を減らすために、コスト高になっても機械化を進めることを決断し、二つの組合も積極的に協力した。今では、世界的に見ても、トップ企業になっている。この話からいえるのは、倫理観、労働の価値観、人間性を中心に置いた労働組合運動の再構築が可能ではないかということだ。こうしたことに基づいてこそ、組合運動は国民の共感を呼ぶのではないか」と述べた。

〈第三回評価委〉――二〇〇二年一〇月二八日

連合執行部から笹森会長、草野事務局長のほか、榊原会長代行と六人の副会長が出席して開かれた。まず、この日の会合のために各評価委員が提出していた論点メモについて、提出者が説明した。主な論点と説明は下記の通りである。

●E委員「パートタイム労働者の均等待遇は、正社員にとってもプラスになることを強調したい。最近、三菱総合研究所が発表したシミュレーション結果によると、両者の賃金格差を現状のままに放置すると、正社員はかなりの勢いで減少するが、格差縮小と正社員の労働時間短縮を同時に行うと、正社員、パートともに増える」

●F委員「連合の考え方と活動は時代遅れである。原因の第一は、組織の中に充満しているエゴ。第二は、世の中が価値観まで大きく変化しているのに、連合が新しい運動モデルをつくりきれないことだ。改革のためには、目先の問題だけでなく、価値観、倫理観から見直す必要がある。その場合のキーワードは、連帯、個人主義、社会参加、グローバリゼーションのプラスとマイナスなどだ」

●D委員「労組はまず、外国人労働者の権利擁護に中心的役割を担ってほしい。第二に、画一的でない、もっと実情に即した運動を展開してほしい。第三に、働く女性の抱えている、いろいろな問題に親身に動いてほしい。女性も同じ労働者だという姿勢を明確にして、最低でも組合員の女性比率と同じくらいの女性役員をつくるべきだ」

●A委員「論点メモに『協力しながら支える労働組合』というタイトルを付けた。協力には、強制力を持つ政府が行う協力と、社会の構成員が自発的に行う協力がある。労組の任務は、自発的協力を担うことであると同時に、強制的な協力の一部を担うことだろう」

●中坊氏は、連合に加盟する労組を持つ食品メーカーで起きた、中国での製品に日本では認可されていない添加物が使用された事件に関連して、労働者の自立の必要性を指摘した。メーカーの経営陣は規定外の添加物が使われているらしいという情報を得て、労組の副委員長を務める社員を中国の工場に派遣した。彼は規定外添加物が使われている事実をつかみ、直ちに生産を停止させた。ところが、在庫の出荷停止や、すでに日本に着いている製品の販売停止の措置はとらなかったため、事件に発展してしまった。中坊氏の「なぜ出荷停止などの措置をとらなかったのか」という質問に対して、労組副委員長は「在庫の調査に着手する前に、上司から次の工場に行くように指示されたから」と答えたという。

中坊氏はいう。「労働者は、ややもすれば、会社の指示・命令に従うべきで、自発的に問題を指摘するものではないと考えがちだ。しかし、これは間違いである。必要なことは、労働者が誇りと責任感を持って自立することだ。そして、力を持って数の力で団結して物事に当たれば、初めて労使対等に物がいえるし、問題も解決できる。そのことを忘れないでほしい」

この後、中坊氏から、前回の評価委までの議論を簡単にまとめた整理メモの総論的部分についての説明があり、それをめぐって討議が行われた。

三都市でタウンミーティングを開催

評価委員全員からの「連合幹部だけでなく、地方のリーダーや一般組合員と接して、意見を聞く機会を持ちたい」という強い要望で、タウンミーティングが新潟（二〇〇二年一一月一七日）、大阪（一一月一四日）、東京（同二一日）の三都市で開催された。このようなミーティングは連合の発足後初めてのこともあって、参加者の間には戸惑いの雰囲気もあったが、新潟と大阪では、本音の発言と切実な訴えが数多くあった。

〈新潟タウンミーティング〉——二〇〇二年一一月一七日

評価委からは中坊座長と寺島委員の二人、執行部からは笹森会長が出席した。地元の参加者は約二七〇人だった。まず、笹森会長が評価委員会を設置した趣旨を説明。その後、中坊座長が評価委の議論の内容について報告した。その中で中坊氏が強調したのは次の二点である。

「高い理念から現場を直視することが大切だ。私は『現場に神宿る』、『答えは常に現場にある』と思っている。現場でどういう姿勢で物事を考えるのか。まず、自由・平等、あるいは、平和や幸福をどう実現するかという高い理念を持ち、そこから現場を直視することが必要だ。高い視点から眼界を広くして視野を遠くまで広げ、歴史の文脈の中で物事を考えていく」

「改革の視点としては、運動の原点の再確認と労働組合組織の自己改革が必要であり、自立と自律、そして連帯へという方向を目指すべきだ。一人ひとりが自分の足で立ち、自分の欲望をどう抑え、そして、みんなのために何ができるか。それを考えていかなければいけない」

地元の連合組合員であるAさんは労組幹部の行きすぎた労使協調を激しく批判した。

「今年五月に前の会社で三割賃金カットされて今の会社に移り、『ゆでガエル』（熱いお湯の中にいるカエルが温度が上がってきたのが分からず、気がついたときはゆで上がっていた）状況になって六カ月経とうとしている。私たち五〇歳代前半の現場の組合員は、それなりに労働運動に協力してきた。しかし、仲間の多くは、いま、共済があるから組合に入っているのであり、もはや労働運動に対して何ら魅力を感じていない。五、六年前から、会社も組合も『まず、企業競争に勝つことだ。競争に勝ち、このトンネルから出れば、あなた方の生活は良くなる』と、ずっといい続けてきた。私はそんなことは絶対ありえないと思ってきた。企業は競争に勝って生き残るかも知れないが、労働組合の論理は何なのか。例えば、ある業界で、ある企業が競争に勝ったとして、その他の企業の労働者は犠牲になる。それでいいのかという思いは常にあった。しかし、上から来る労組の指令は会社と一緒になって、『競争に勝ちなさい』というものだった。労働組合の論理である『連帯』はどこに行ってしまったのか」

金属機械産業の産別組織であるＪＡＭ新潟の専従役員をしているＢさんはＡさんと立場は違うが、同じ種類の悩みを抱えている。「労組は企業別の壁を乗り超えないと力の回復はありえない」という思いを、声を震わせてぶつけた。

「ＪＡＭ新潟の現実は大変暗く厳しい。二〇〇一年一一月に新潟鉄工が会社更生法を申請したのをはじめ、この一年でＪＡＭ新潟傘下約一二〇組合のうち、倒産、人員整理、賃金カットなどの打撃を受けたところは半分以上、六〇組合を超える。そうした非常に厳しい現実の中で、職場の連帯感も他者への思いやりも薄くなり、労働組合の求心力の低下にも影響している。いま、一番大切なのは雇用問題、失業問題、あるいは、経営に対する不安をどう突破していくかだ。人員整理をしなければ会社が潰れてしまうという状況下では、組合もそれを選択せざるをえないという局面も多い。それは個別の対策としてはやむをえないが、職場も労組も疲弊する。

これを突破するには、連合としての政策、対抗策を立てて、それが現場の組合員にも見えるようにしていく必要がある。ＪＡＭ新潟では、組織内で出向受け入れ先が開拓できないか、求人求職情報を交換できないか、アドバイザー（助言者）グループをつくって経営改善に役立てることはできないか、失業した人たちのネットワークを作って何かできないかなど、さまざまな検討をしているが、実現には至っていない。

連合の強み、財産は、さまざまな産業の多様な職種の人たちがいるということ。そのネットワークを生かして、地域における産業活性化の一大プロジェクトをつくるようなことができれば、労組の求心力、あるいは、連合の存在感を高めることになっていくと思う。現場に近いところでプロジェクトを立てていかないと、現場は強くならないということを訴えたい」

地方の労組リーダーのもう一つの大きな悩みは、ヒトとカネの不足である。その発言を紹介しよう。

連合地域労組幹部のＣさん「私は下越北地域協議会の議長をしている。この地協は、県北に位置する一八市町村をカバーし、組合員約一万人、五つの支部組織を持っている。地協の活動の中から三点ほど意見を申し上げたい。

一つは、地協の専従役員体制について。連合の運動は産別、単組の協力なしには絶対に進まないということを前提に申し上げたいが、専従役職員がいるのは、県内一一地協のうち、僅か三地協に過ぎない。北地協にも専従役員はいない。ＯＢにアドバイザーをお願いしても、『定年になってまで労働運動は真っ平だ』と断られる。全国各地を見ても同様な状況だ。一九の県で地協の専従役員はゼロという実情だが、本当にこれでいいのだろうか。連合が大同団結して十数年、期待された連合運動が組合員にさえよく見えない。組合員のケアまで手が届いていない。これは、非専従では限界があるということだ。財政的な問題もあるが、力強い連合運動をつくるには、枝葉となり、足腰となる地協活動が重要だ。地協の専従体制強化について、全国レベルでの検討を強くお願いしたい」

このような地元側の発言は数時間にわたって続いた後、評価委員の一人に笹森会長を加えて、地元側と真剣な討論が繰り広げられた。

中坊座長の締めくくりのコメントは次の通りである。

「皆さんの意見を聞いて、一つの共通点が見えてきた。私は皆さんに、『ＨＯＷ・いかに』よりも『ＷＨＹ・なぜか』をみんなで問いかけようと提案したい。そして『なぜか』を考える中で、大きな共通点として出てきたのは、『私たちは弱者である。弱者が不条理に泣いている』という姿だ。これがすべての原点になっている。そして、私たちはお互いに助け合わないといけない。連帯しないといけない。何より人間の絆こそが大切だ。貧富の格差をどうなくすかが基本的な命題であり、そのために地域・現場で活動を継続していけば希望も出てくる。そういうところで、みんなの意見が一致したと思う。団結して連帯して、そして闘うという姿勢の中においてこそ、初めて、われわれの真の幸福も得られるのではないか。そして、まさにそういう意味におけるベースキャンプとしての連合でなければならない。そういうことが自から明らかになってきた。本日のミーティングは大変意味があった。ご参加の皆さんに感謝申し上げたい」

「労組はＮＰＯなどに非協力的だ」

〈大阪タウンミーティング〉――二〇〇二年一二月一四日

評価委から中坊座長はじめ五人の委員と、執行部から笹森会長らが出席した。地元の参加者は約二三〇人で、労組関係者以外のＮＰＯの人々などの参加が多いのが特徴である。ミーティングでは冒頭から激しい労組批判が飛び出した。とりわけ多かったのは、「連合がＮＰＯなど外部の団体の社会的活動に非協力的だ」という批判である。これまで三回開かれた評価委でも「労組は社会的問題に無関心すぎる」「労組の原点はＮＰＯなのだから、社会的活動のリーダー・コーディネイター（調整者）になるべきだ」という発言がかなり出たが、大阪タウンミーティングはそれを裏付けた形となった。まず、三つの発言を紹介しよう。

企業を相手に男女賃金差別の是正を求めて裁判をしているＡさん「私は大阪ガスの指定配管工事会社である京ガスを相手取って、男女賃金差別の是正を求める訴えを一九九八年四月に提訴し、二〇〇一年九月に京都地裁で原告の訴えを認める勝利判決を勝ち取った。この裁判は、職種の異なる男性を比較対照しながら、賃金の格差は同一価値労働・同一賃金原則に反して違法であるという闘いを真っ向から挑んだものだ。いま、会社が控訴して控訴審を争っているが、この裁判は勝ち進めていかなければならないと思っている。なぜなら、同一価値労働・同一賃金原則こそが、パート、非常勤、臨時、派遣、非正規などの雇用形態による賃金差別が合法化されていくという労働実態を基本的に変えていけると認識しているからだ。

裁判に訴えるに当たって、私は労組にも多くの要求をしたが、労組には捨てられてきたというのが実感だ。同一価値労働・同一賃金原則は運動の中でポピュラーな言葉になっているが、現実的に、これが運動になっていくには非常に困難な道のりがあると思う。しかし、この裁判

大阪でのタウンミーティング

に勝つことで、今の間違った賃金制度を根本的に変革していきたいし、この裁判はそれだけの力を持っていると思っている。

経営サイドから成果主義あるいは勤務評価制度の導入を求められ、非正規雇用がどんどん拡大されていくという現実の中で、労組としてどうすれば同一価値労働・同一賃金を実現していけるかをちゃんと考えてほしい。連合の方針として同一価値労働・同一賃金原則の実現を掲げ、本気で実現していってほしい」

ホームレスの問題に取り組むBさん「日雇い労働者、野宿生活者の問題に取り組んでいる。私たちは、ある意味で、市民社会からも外されてきたゴミのような存在だが、そういう中でもやはり組合が一番守ってくれそうだと思って、まだ組合にしがみついている。

労働組合は働く人たちの組織だといわれる。だから、働ける人たちの権利をどうするかは考えてきたけれども、働けない人、雇用が不安定な人の問題にはあまり関心がなかった。野宿生活者を見ると、昼から酒飲んで道路端にうずくまっている。同じ仲間というより排除の対象だった。基本的に未だにそうだろうと思うが、ここ数年、失業者がどんどん出てきた。この現実に、労組は対応できていないのではないか。あくまでも働けることを前提にした労働運動であり、働けなくなったらどうするかは考えてこなかった。かつては考える必要がなかったといってもいい。しかし、私たちはずっとそういう環境に押し込められてきたし、違ったスタイルで生きるためには頑張らざるをえなかった。

いま、働く人たちの労組は、雇用と労働条件を必死で守ろうとしていることは分かる。でも、失業者はどう救済するのか。やはり、これからの労働運動は、失業者、働けない人を含めて、どんな社会連帯をつくるのか、身近な労働条件だけを整備するのではなく、どんな人も排除しないで、一人ひとりが人間として生きていく社会をつくっていくという運動に、その構造も含めて転換することができるかどうかが問われていると思う。

現実の問題として、野宿している人をどうするのか。だれだって、汚くしている人がそばに来たら厭だと思う。差別してはいけないというが、野宿をずっと押し付けたままでは差別はなくならない。具体的に、労働運動として、どうやって失業のない、野宿しなくてもいいような社会をつくっていくか。そういう大きな枠で包摂するような組合、あるいは運動が求められている。笹森会長に頑張ってほしいという期待を込めて意見を申し上げた」

パートの女性の問題を扱っているコミニュティーユニオンのリーダー、Cさん「家族責任を負いながら、パートで働いてきた女たちは、自分の問題を自分の問題として考える時間がまずない。こういう場で発言する機会もなかなか与えられないが、今日は、均等待遇の実現に向けてナショナルセンター連合の役割に期待したいということをいいたくて手を挙げた。

二〇〇二年九月、コミニュティーユニオン全国ネットワークの交流集会が、私たちの地元、和泉市で開かれた。その時に私は『シングルマザーの自立に向けて』という分科会を担当したが、多くの方が参加してくれて、『今まで語れる場所が無かった。子供の問題を話すところはあるが、子供を食べさせるために働いていく問題を語る場がなかった。よく開いてくれた』ともいわれた。多くのシングルマザーは、低賃金の仕事を掛け持ちする『複合就労』で凌《しの》いでいる。均等待遇を一番必要としているのは、ある意味では、シングルマザーだと思うし、逆に、シングルマザーが生きやすい社会とは、誰もが生きやすい社会ではないかと思う。均等待遇の実現に向けて、連合は、ぜひ、ナショナルセンターとしての役割を果たしてほしい。

今日までの労働組合運動は、男中心で請負主義、動員主義だったと思うが、これからは男女が同じテーブルにつく運動を進めてほしい。労働組合はもともと相互扶助の組織だった。相互扶助は請負であってはいけないと思う。ただ、残念ながら、パートの女性たちが組合運動に参画するのは難しい。そこをどう工夫していけるかということも、ともに考えていければと思う」

同一価値労働・同一賃金原則の扱いは企業別労組の限界をどう乗り超えるかの問題と並んで、連合をはじめとする日本の労組にとって最大の悩みの種である。この集会でも、笹森会長らの執行部は明確な見解を示すことができなかった。これら二つの問題に対する姿勢をどこまで変えられるかが、今後、労組改革を検証する場合、リトマス試験紙の役割をすることになる。

失業者を組合に迎え入れるかどうかは、パートタイマーの組織化以上に難しい問題だ。しかし、ある企業で働いていた人が解雇され、今までより大きな援助を労組などに期待している時に、「あなたは解雇された時点で組合員としての資格を失いました。だから、援助は一切できません」というのは、本来の労組のあり方から考えておかしいのではないか、という疑問は従来から潜在的に組合員の中に広がっていた。これまで労組が失業者をシャットアウトしてきた最大の理由は、組合費を負担する能力が低いということである。だが、それにこだわっていると、パートタイマーの組織化もできなくなってしまう。企業別労組にせよ、地域労組にせよ、「パートタイマーに組合費の割引を認めるなら、失業者も同様に扱うのが当然ではないか」という考え方が出てくることに何の不思議もない。さらに、企業の定年退職者を組織化しようという「生涯労働組合員構想」が浮上してきたことを考えると、失業者の組織化の問題はいっそう現実味を帯びてくる。

単組、単産、地域労組のどこが責任を持って組織化するかを決めるのは容易ではないが、連合をはじめとする労働組合が近い将来、思い切った改革を断行するというのであれば、失業者の組織化の問題から目を逸らすことはできない。

大阪タウンミーティングで、もうひとつ、地元側から発言が集中したのは、連合の組織運営に対する不満だった。いうまでもなく、発言者は地域にある各種労組の幹部や活動家である。

次に紹介するのはこのテーマに関する二つの代表的発言である。


単産の若い地域幹部、Ｅさん「サービス連合関西地連で事務局長をやっている。旅行会社・ホテル・航空貨物の産業で構成するサービス連合は若い組合員が多い。加盟単組の執行部もほとんどが二〇代、三〇代で、四〇代は稀という若い組織だ。私は今、三六歳で、旅行会社から専従出向という形で現職について二年余になるが、連合が非常に見えづらいと感じている。

昨年、連合大阪の執行委員になり、初めて会議に出席して周りを見回したら、自分の父親世代に近い方が多くて驚いた。長年の経験という面では大事なものを持っておられるが、ルーティンワーク（日常業務）的な考え方が身に付きすぎているように見える。新しいことをしようという方向には行かない。もう少し若い人たちのニーズを研究してほしい。

サービス連合でも、若い組合員がなかなか組合活動に目を向けないので、いろいろ工夫してきた。例えば、障害者の方と一緒にバリアフリーを体験するツアーを企画している。それまで組合にまったく関心の無かった人たちが、少しずつだが集まるようになった。それがきっかけで組合活動に興味を持って単組の執行委員になった人もいる。さまざまな切り口で組合に関心を持ってもらうことを真剣に考えていく必要があるのではないか。

現在でも、青年委員会などの組織はあると思うが、若い人たちが自発的に中心になって議論のできる場所をもっとつくり、連合として若い人たちの意見を吸収してほしい。私も新入組合員研修で各加盟単組に行って話をするが、『連合って知っていますか？』と聞くと、手を挙げる人は半分もいない。もっと若い人に目を向けた活動を考えてほしい」

地域労組のオルガナイザー、Fさん「組織の拡大、とりわけ、未組織労働者の組織化について述べたい。私は、先日、一つの労働組合をつくることができた。着物の染色をしている会社で、組合員は二五名。小さな組合だが、できるまでには非常に苦労をした。この新しい労組は、組合への無関心や存在感の希薄さなんていうものとは全く無縁だ。裏返せば、それだけ労働条件が低く改善すべき問題が多いから、期待が大きいということでもある。

乱暴な言い方をさせてもらえば、『組合への無関心』というような問題は、大企業の労組だけの問題ではないかと思う。労働組合を求め、その保護を受けたいと考えながらも、そういう環境で働けない労働者が八割もいる。これは日本最大の労働組合組織である連合にとっては、非常に恥ずかしいことではないか。

連合の会議に出ると、組織率低下の話が必ず出る。危機であるという。連合として指針も出されている。しかし、ナショナルセンターとして、組織化に対する本当に真剣な姿勢というものが、残念ながら、私には見えてこない。連合の職員自ら、本当に火の玉になって労働組合をつくり、仲間を増やしていくことが必要なのではないか。連合は、未組織労働者の組織化に、よりいっそう力を入れてもらいたい」

タウンミーティングに出席した評価委員たちは発言者の真剣さや熱っぽさに押され気味で、討論も地元側のペースで進められた。評価委員たちもこれまでのお互いの議論で、主な問題点は何かを理解していた。だが、労組の内外で起きている生々しい事実や関係者の苦しみを目の前に突きつけられると圧倒された。評価委員の発言は地元側の発言と正面から向き合っているとはいえないが、精一杯、答えようとした二つ発言を紹介する。

神野委員「いま、スウェーデン各地の地下鉄やバスの停留場に男性のヌード写真のポスターが貼られている。実は、これはスウェーデンの労働組合のＬＯが制作したもので、『あなた、裸で仕事をしていますか』と聞いている。つまり『裸の男性』というのは、労働組合に入っていない人のことだ。ＬＯは、労組に入らないと労組はあなたを守りませんよといっているのではない。労組に入ることは、お互いに協力し合う連帯に参加することだと訴えている。労働組合の原点は『連帯』だ。私は最近、『協力』という言葉を使っているが、人間がお互いに協力し合って生きていくことが労働組合なのではないか。つまり、労組の組織原理が協力原理であると同時に、目的も協力だと思う。

そういう意味で、労組が、働く国民すべてが参加する『国民の組合』になっていくことが、その社会を形成する上で決定的な条件になるだろう。すべての国民が同じ価値を持っていることを前提にすれば、すべての国民が対等の条件で未来社会の形成に参加し、自分の生活の形成に参加しなければならない。そのためには、国民が協力し合わなければならないし、それを行う組織が労働組合であると位置付けなくてはならない。労組に参加している人々の協力を強めていくと同時に、組合員以外でも、すべての働く国民に協力・連帯の原理を敷衍《ふえん》していく」

中坊座長「今日は、すでに同一価値労働・同一賃金の問題に始まって、日雇いの方の意見などをうかがってきたが、『目線の高低』が大変大きな問題なのではないかと思い始めている。いかなる立場に立っても、プライドとかいうものが伴ってくると、どうしても目線が高くなる。結果的にその目線の高さこそが、大変な事故を引き起こすことになってくる。私自身も『森永ヒ素ミルク事件』以来、いろいろな事件を扱ってきたが、いつの間にか自分の目線が高くなっている。助けてあげているという気になっている。

だから、労働組合の場合も、一番大切なことは、目線をどこに置くかだ。底辺から上を見るのはいい。しかし、上から下へは見ないという姿勢を、よほどはっきり持たないと危険だ。また、若い組合役員の方から発言があったが、歳を重ねると、たしかに過去の経験だけを基礎に置いて物を考えがちだ。しかし、この危機を脱していくためには、従来の『センター』を移動しない限り解決はありえない。そういう意味で、評価委員会では、根本的に何が問題であったのかというところから議論を始めて、そもそも労働とは何であるのか、働くとは何を意味しているのか、組合運動とは何なんだということを、もう一度、考えようとしている」

労組改革に後ろ向き発言が続出

〈東京タウンミーティング〉——二〇〇二年一二月二一日

三回目のタウンミーティングは東京で開かれた。どのような理由からか分からないが、ミーティングの雰囲気は大阪の場合とかなり違った。労働運動と労働組合の抜本的改革を目指して労組への批判や改革への提案が本音ベースで語られた大阪の場合と比べて、東京の場合は、話題は多かったものの、前向きな発言が少なく、盛り上がりに欠ける結果となった。

労組の最近の活動についての報告としては、追い詰められた労働者を救うための「駆け込み寺」的活動、介護士などを助けるサポートセンターやケアネットセンターの設立、サイバーユニオン（インターネットを利用して組織した労働組合）の立ち上げ、地域の人たちと協力して商店街の活性化に成功した例などがあり、彩り豊かだった。しかし、労働組合をどう改革するかについては、むしろ後ろ向きの発言が多く、笹森・連合会長の改革提案に戸惑っている単産や単組の幹部の姿が浮き彫りになった。根本改革の柱の一つである「非正規労働者をどう取り込むか」について、次のような発言があった。

流通企業の労組委員長、Aさん「今年一年間で一八〇〇人の契約社員を組合員化したが、実は、いま、同一価値労働・同一賃金が本当に実現できるかという悩んでいる。会社の売り上げは伸び悩み、人件費だけが増え続けている。その中で、組合員化した契約社員の均等待遇を実現しようとした時、低い人が上がる分には問題ないが、もともとの組合員は下がる恐れが出てくる。正規社員は二三〇〇人、契約社員の組合員は一八〇〇人で、人数的にも拮抗している。さらに、職場には、アルバイト、パートという雇用区分で働いている人たちがもっとたくさんいる。組合への加入を呼びかけているが、『言うは易し、行うは難し』だ。組織化に非常に労力を使っているが、正規社員の組合員からは、『私たちの賃金が下がるのではないか』という不満の声もある。確かに、正社員も契約社員もパート、アルバイトも評価方法を同じにすれば、年功賃金的な上がり方をしている正社員は下がる可能性が出てくる。『組合は労働条件を守ると言っていたのに、話が違うじゃないか』ということになりかねない。理論と現実のギャップの中で、いま、執行委員全員が悩んでいるところだ。

もちろん、短期間の契約であっても、同じ社員であり、同じ働きをしているのだから、同じ組合員として同じ労働条件を勝ち取ろうという取り組みは間違っていないと思う。ただ、現実の場面では、板ばさみともいうべき、辛い思いをすることもある。今後、パートやアルバイトを組合員化していけばいくほど、そういう問題はシビアになってくると思う。連合は『パートの賃上げ要求一〇円以上』を掲げているが、経営側との交渉の中では、パートの時給を一〇円上げるのなら、正社員の賃上げはしないという話も出てくる可能性がある」

パートタイマーをめぐる正規社員と非正規社員の利害対立の問題は、七〇年代後半から表面化した、古くて新しい問題である。八〇年代までは、労組幹部は「組合費を満足に払えない人は相手にしない」と切り捨てればよかった。しかし、九〇年代になると、スーパーのように、数の上でパートタイマーが圧倒的に多くなり、職場でリーダー的役割を果たす人も出てきたため、「切捨て」は通用しなくなった。

それから一〇年以上経っているのに、企業別労働組合（単組）がこの問題に結論を出していないことを、この労組幹部の発言は示している。しかも、社会的な議論の焦点になっており、この問題を解くカギともいえる同一価値労働・同一賃金の考え方には後ろ向きの姿勢をとっている。

これに対しては、出席していた評価委員全員が「深刻に悩んでいるのは分かるが、最も重要な問題から逃げている。このような労組幹部の姿勢が労組を駄目にしてきたのではないか」と感じた。もちろん、パート問題に長い間、明確な方針を出さなかった連合や単産にも責任はある。だが、職場に最も近い単組が問題に正面から取り組もうとせず、真剣な議論を避けているようでは、労組が色あせた存在になるのは当然である。評価委員全員が「労組を魅力的なものにし、組合員の士気を鼓舞するのにはどうしたらいいか」という思いを募らせる中で、中坊氏は、組織にせよ個人にせよ、その行動がどんなときに感動や共感を呼ぶのかについて、自らの体験に基づいて語った。

人を行動に導く言葉とは何か

「運動というものは、人の感動、共感を呼ばなくてはいけない。しかし、今のところ、労働運動は共感と感動を呼んでいない。では、どういうときに私自身は共感し、感動を覚えたのか。

豊島《てしま》の産業廃棄物の完全撤去運動というものがあった。これは二〇年以上の闘争の歴史があるが、私は、九三年一〇月、初めてこの島へ行った。約三〇ヘクタールの土地に、高いところで二〇メートルにもなる、わが国最大の産業廃棄物が放棄されている状態を見た。そして、その日初めて住民の方々と話した。豊島は人口が一千数百人の小さい島だ。その島の人たちが私を見て、『先生、やってくれ、完全撤去をやってくれ』という。それじゃあと引き受けてしまって、その日の夕方、みんなと初めて食事をしてビールを一杯飲んだ。その席で、『完全撤去というけど、あんなごつい廃棄物、ほんまに完全撤去できると思うか』と聞いた。

その日に集まった人たちの大半が、悲しそうな、諦めたような顔で、『先生、それは、私だって無理だと思っている。できるとは思っていない』という。『できると思わへんのに何でやるというねん』と問いかけると、『豊島は豊かな島と書く。この名前は、おそらく我々の先祖が付けてくれた名前だろう。そもそも廃棄物が捨てられ始めてから二〇年以上の長い間、デモもやった、裁判も起こした、公開質問状も出した。精一杯闘ったが、結果的にこうなった。私たちはもう死んでいくだろう。しかし、先祖が付けてくれた名前の通りの豊かな島を私たちの時代に、こんなごみの島、臭いのする島にしたと、おそらく子孫はいうだろう。だから、私たちは、叶わぬまでも一矢報いたい。せめて一矢でも報いたい』と島民はいった。

私は初めて不条理に泣いている人たちが何を思っているのかが分かった気がした。こんなことで、このまま泣き寝入りできるか。人が本当に動く時は、そういうものに感動して動くんだろうと、私は思う。事実、この公害調停で最終合意に達するまでに七年間かかったが、この島の原告になった人たち五四九人のうち六九人の方が、その間に亡くなっている。県庁前で、半年以上も立ち続けたり、銀座にごみを持ち込んだり、壮絶な闘いをした。結果としては三八〇億円というお金が予算化され、完全撤去という方向が見出された。しかし、そのうち六九名は、何の結果を見ることもなく、あの世に去ってしまった。『叶わぬまでも一矢報いたい』。この言葉が、少なくとも私を揺り動かした。そういう思いが、初めて人を揺り動かし、そして、一つの運動が結実する原点になったんだと思う」

第7章　「労組のあるべき姿」連合評価報告書はこう作られた（2）

二〇〇二年末の臨時評価委員会で作業委員会の設置が決まり、翌二〇〇三年一月下旬の第一回会合から評価報告書づくりの作業が具体的に始まった。作業委には評価委員全員が参加したから、実質的に評価委の会合を倍増させたのに等しい。こうなったのは、評価委員が三回のタウンミーティングでの地元側の発言を聞いて、「労働組合には考えていた以上に問題点が多い。また、労組幹部の士気は予想以上に落ちている。評価委として抜本的な再建策を提示するためには、長時間かけて、労組を魅力のない存在にしてしまった原因は何かを徹底的に分析し、再建への道をかなり具体的な形で示すほかない」と決意した結果である。

〈第一回作業委員会〉――二〇〇三年一月二二日

まず、A委員が、これまでの各委員の発言などを問題領域別に整理したものを「報告書の骨子案」として説明した。これをたたき台として、委員が幅広い議論を展開した。次に紹介する中坊座長とA委員のやり取りは興味深い。

いかにして労組に活力を吹き込むか

●中坊氏「私個人としては、骨子案に書いてある危機の現状、労働運動を取り巻く社会状況の中で、『エゴの充満』という言葉を考えている。いま、日本の社会ではありとあらゆる分野においてエゴが充満している。その結果、あらゆる分野において、無理をしないことがいいことだというふうにされていて、そういう自分中心の無理をしないという社会現象となってきていて、それが社会のあらゆるものに対する活力を失わせておるのではないかなという気がしている。それがいまの危機的現象を引き起こしている。ありとあらゆる分野においてそうだと思うが、労働組合がいろんな運動をする時の一番根底、深層みたいなところにそれがあるんじゃないかなという気がしている。日本国民の意識の中で、物の豊かさを得る代わりに、心の豊かさ、倫理観、志の力というものを失ってくるという結果になって、活力というものが、特に労働組合運動の中においても、失われてきたというのが一つの大きな現象ではないか。

正しい方向を示しても、活力のないところにはエネルギーがない。だから、労働組合運動を通じて、活力をどうわが国の社会に吹き込んでいくかということがないといけない。

また、弱さを持っている人間の方が、そういうモラルとか道徳観、あるいは心の豊かさに対する憧れというものを、むしろ弱者であるが故にこそ持っているのではないか。自分が経験したダスキン会社の不祥事事件の時でも、指摘を受けて、自分が悪かった、自分たちが直さないかんのやなかったのかという素直さは、労働組合の人が一番持っていた」

●Ａ委員「いまのお話は報告書のストーリーに盛り込めると思う。経済学はもともと道徳哲学で、アダム・スミスが講義している。彼がいっているのは、他者を理解する、他者と共感する、他者と同じことを感じることができるんだということを中心にした市民社会だ。それがもともとの経済学なのだが、いまの経済学はぜんぜん違った経済学になってしまっているので、先ほどのお話は盛り込めると思う」

●中坊氏「だから、少子化とかグローバル化という前に、そういうものがあるのと違うかという危機的現象の問題提起をする必要がある。エゴから脱却する力をだれが持っているかといえば、実は弱い者である。働く者が一番共感できるところなんだ。自分たちこそ、そういう意味での使命感を持った人間なんだというプライドを取り戻せるんじゃないかという感じがする。そこにつながるんじゃないかという気がする」

●A委員「普通、社会では効率と公正の二つの価値でいわれるわけだが、アダム・スミスでいうと、いかに生きるべきかというのと、善とは何かというのをいわなくちゃいけない。だいたい皆さんの意見を伺うと、社会の中で効率と公正のうち公正を担っていくのが組合だと強く感じていて、その公正を担うべく労働組合と国民が連帯して、正義が実現できる社会というのが大事で、それは非常に活気があって、むしろ逆に経済的になる。二つのバランスを欠いて、公正でない社会というのは、活気もなくなるし、効率、効率といっても活気がなくなる。そのことを報告書の基調として書くことになる。それをいいながらいろんな問題をばらばら入れていくということになるが、それでいいかということが一つだ。

それから具体的に聞きたいのは、連合の二一世紀ビジョンに書いてあることを繰り返すにしても、さらっとでいいのではないかということ。二一世紀ビジョンにないのは何かというのと、

ＮＰＯとの連帯とか、市民組織をリードしていく労組の役割、これは市民民主主義の問題でもあるのだが、それが一つあるだろう。それから、そうした公正などを実現していくのに、状況がグローバル化とか労働形態の多様化などでかなりぶれているので、企業別組合についてなどの組織問題を、評価委としてどこまで踏み込めるか、すこし具体的な議論をしていただきたい」

この後、企業別組合をどう位置付けるか、パート、派遣などの非正規労働者と外人労働者の扱い、均等待遇問題などについて、激しい議論が展開された。その中で、Ｄ委員が、労組を魅力的な存在にするにはどうしたらいいかについて、長い間、ＮＧＯ運動に携わってきた人としての視点から発言している。

●Ｄ委員「骨子案に『働くことの意味、他者のために役立つということの普遍的な意味を再確認する』とあるが、これはすごく大事なところだ。他者のために役立つということは自分のためにも役立つということ、これをはっきりいった方がいいと思う。

『改革のシナリオ、方向性』の項の中にある、未組織労働者が入りたいと思う運動というところだが、これはものすごく大きな課題だと思う。こういうものだというのを、例えば、あるべき労働状況とか条件はこれだと示して、単なる理想ではなくて、パートも外国人も全部、すべての人がその恵みを受ける資格があり、その可能性もあるというようなことを労働組合は考えなくてはいけないと、評価報告書にも明確に入れるべきだ。

労働組合を魅力ある存在にするということについては、骨子案にある『社会問題、不正義への異議申し立て』は新しい課題としてやるべきか、やれるのか、やれなかったらどうするかを考えなくてはいけない。もし、これをやれたら、労働組合に魅力を感じさせることができる。こんなことをやって、それで勝った組織なのかと。中坊先生も、感動がなければとおっしゃるが、本当にそうだと思う。NPO、NGOってみんなそうだ。何かやって勝った、よくなった、何かが変わったという感動。やり方は私には分からないが、これはやるべきなのか、やれるのかというんじゃなくて、やるんだみたいな姿勢で考えたらどうか。これも労働組織に入っていない人たちに魅力的な姿勢を示すことにつながると思う」

グローバリゼーションに強い疑問

〈第二回作業委〉――二〇〇三年二月二四日

評価報告書の骨子について論議した第二回と第三回の作業委が報告書つくりの過程全体でも最も重要なものとなった。この日は、まず、A委員と事務局がまとめた成文化された骨子案をA委員が説明、それに基づいて突っ込んだ議論が展開された。

口火を切ったのはC委員で、いくつかの基本的な問題点を提起した。第一に、「新しい分配の基軸をどう構築するか」という問題だ。かつては高度経済成長の下で、比較的平等な所得分配が当然とされた。しかし、グローバリゼーションの動きの拡大と共にアメリカ型資本主義が日本の企業社会でも普及するにつれて、企業間でも、働く者の間でも、競争と、その結果もたらされる所得格差の方が、むしろ公平とされるようになった。それに加えて、IT革命によって、仕事のパターン化、平準化が進み、長年、技術を磨き、年功を積み上げてきた人たちを、蔑視するかのような雰囲気が一般的になった。「この現状は、どこか、おかしいのではないか。グローバリゼーションとIT革命の下でも、効率主義、競争主義万能ではない、新しい分配の基軸をつくる必要があるのではないか」という問題提起である。

第二は、東西冷戦の終結とイデオロギーの終焉によって、階級意識が希薄化し、それに伴って、労働組合に象徴されるような、支配勢力に対抗する「カウンター（対抗）勢力」が弱体化した。このことは社会全体の力関係に影響を与えているが、分配の基軸に対する緊張感を失わせた大きな原因にもなっている、という点だ。

第三は、労働組合とNPOの関係についてである。二〇世紀は世界的にイデオロギーによる共同体が形成された社会だったのに対して、二一世紀は、ネットワークによって多数の共同体が形成されることになる。その中核となるのはNPOやNGOである。世界の各都市で合計一〇〇〇万人以上が参加する反戦デモも、NPOなどによるネットワークの力によって可能になった。考えてみれば、労働組合の原点はNPO的なものであるから、労働組合がNPOなどとネットワークをつくることによって、社会的に大きな影響力を及ぼす運動を展開することも可能なはずだ。「すべての労働組合員が、せめて一人一つのNPOに参加したらどうか。一人の企業別組合の構成員であると同時に、一つのNPOの参加者としてのシナジー（相乗効果）を発揮し始めたら、大変大きなことになるだろう。そういうことなどによって、労働組合が時代の不条理に立ち向かう民主勢力の起点であるというイメージを明確にしてもらいたい」とC委員は提案した。

C委員の三つの問題提起に対しては、他の委員も肯定的な反応を示した。とりわけ、NPOとの連携の必要性は評価委として強く打ち出すことで一致した。ただ、E委員から「今日の労働組合はNPOの考え方や活動と相反する文化を持っているように思う。まず、思い切った体質の改革と組織改革をやらないと、NPOとの有機的な連携はできないのではないか」という厳しい意見が出された。

この日の討議の、もう一つの大きなテーマは、今後の労働組織の中で、企業別労組をどう位置付けるかだった。委員側は「企業別組合の問題解決能力の限界は歴然としているだけでなく、労組の抜本的改革を阻む要素にさえなりかねない。したがって、この際、企業別組合に対する『外科手術』的改革を避けるべきではない」という意見が圧倒的に強かった。これに対して、連合側が抵抗した。『委員側の主張のように、企業別労組の抜本改革の必要性は理解するが、例えば、産業別や職種別の組合を基礎組織とした場合、労使協調制など現在の企業別組合の労使関係や、チェックオフによる組合費の徴収について問題があり、現実的でない面がある』という理由からである。企業別組合と地域労組にダブル加盟するといった妥協案も出されたが、結論を得るには到らなかった。

これと関連して、全国で総数は一三〇〇万人超に達しているのに組織率は僅か三％に止まっているパートタイマーの組織化が俎上に載った。多くの委員は「企業別組合や産別組織がやる気がないのなら、地域労組が地域完結型でまとめてパートタイマーだけの労組を組織するほかない」という点で一致したが、事務局側は「企業別組合の抵抗が強く、連合の三役会議でも地域完結型でやることを決められる段階ではない」と抵抗した。

中坊氏が「ＷＨＹ文化」を主張

〈第三回作業委〉――二〇〇三年三月二八日

A委員が作成した中間報告骨子案を説明、これをめぐって討論が行われた。中間報告骨子案では、「二　改革に向けての視点と方向性」で改革の理念を示し、「三　改革の課題・目標」で改革の具体策を提案することになっていた。ところが、中坊座長が「改革のシナリオの冒頭に書くべきことは新組織戦略ではなく、意識改革を実行せよということだ」と、「三」の修正を強く主張した。

●中坊氏「改革のシナリオの冒頭には、働く人々すべての意識改革が重要だということを書くべきだと思う。また、意識改革は、基本的に、なぜだと考えることから始まる。いかに対応するか、組織論とか何とかいうことより前に、なぜこうなったのかや働くことの意味を組合員一人ひとりが考えることから始めないといけない。考える労働組合員にならなければいけない。いまの世の中は、特にテレビなどが普及する中で、考えること自体が非常に少なくなっている。弱い者であればあるだけ、なぜこうなったのかを考えることから意識改革が始まる。最初から如何に対応するかのHOW文化じゃなしに、WHY文化に変わらないと、労働者も救われない。そういう意味で、なぜだということを一人ひとりが自分に問いかけ、みんながお互いに問いかけあうことによって、意識改革をみんなでする。その意識改革が行われた後が、如何に対応するかだ。

意識改革が具体的な改革の方向性の前になくてはいけない。私がいろいろの事件を手懸けてきた感覚からいえば、制度や組織や運営に問題があるということよりは、問題は担い手自身にあると思う。担い手の意識の中にあると思う。その意識改革ができない限り、何をしても結果的には対症療法の繰り返しであって、根本的解決にはならないと思う」

中坊氏の意見に対しては、A委員らから「『二　改革に向けての視点と方向性』で書き込めばいいのではないか」「『二』の記述とダブルのではないか」という反論が出た。しかし、中坊氏は譲歩しようとしなかった。中坊氏は、さらに次のように述べている。

●中坊氏「私のキーワードは『なぜ』とか、『考える』とかです。みんながそういうことを意識して団結力を持つようにすることが我々の改革のシナリオの第一歩です。その上に立って、企業別組合の問題などが後から出てくる。僕にいわせたら、こんなの、あまり重要じゃないと思っている。

いま、豊かになり過ぎちゃって、豊かさボケの結果が、結局、考えることがなくて、他人の話のように聞いちゃって、自分の話だという感覚がなくなってしもうたんやね。だから、まさに改革のシナリオの第一歩は、もう一度考えてみいという、おれら自身は弱かったんで、たまたま見せかけはこうだけど、本質は何も変わってないよというところへ、みんなの意識が目覚めないといけない。目覚めることが意識改革につながる」

中間報告骨子案の「労働運動の現状」の項に書かれている「労使対等意識の希薄化」について、F委員と事務局の間で微妙なやり取りがあった。F委員が「労使対等意識が希薄化した主な原因は労使協調路線の行き過ぎにあるのではないか」と質問したのに対して、事務局側は

「経営者と交渉する労組幹部自身の労使対等意識が希薄化しているとは思わない。一般組合員の意識が大きく変化した結果、幹部との信頼関係やバックアップ態勢が弱くなって、労使間の力関係が揺らいでいるのではないか」と、労使対等意識の希薄化を否定した。

「ゆでガエル現象」に注意を喚起

〈第四回作業委〉——二〇〇三年四月二四日

A委員と事務局でまとめた中間報告素案をA委員が説明。出席した評価委員全員が意見を述べた。この中で、C委員は「一般のサラリーマンや労働組合員が世の中を変えようとしない理由は、現状を怒っていないからだ。彼らは失業しない限り、多少、賃金が下がっても、デフレで物価も下がっているので、追い込まれた実感はない。本当は公的負担の増加などで真綿で首を絞められたような状態なのだが、最悪の状態になるまで気付かない。まるで、五右衛門風呂の中のカエルが温度が上がっているのに、ゆで上がる寸前まで気が付かないのと同じだ」と指摘して、「ゆでガエル現象」という言葉を報告書の中に明記することを提案した。

中坊氏もC委員の発言を補足して次のように述べた。

「危機の現状認識という点については、失業者や自殺者の数であるとか破産申し立ての件数をいうだけじゃなしに、我々一人ひとりが何かを感じている。しかし、多くの人々が、それらのことは、しょせん、窓の外で起きていることだと錯覚している。実は、それが我々が陥っている病である。失業者といえば、いま、自分は失業していない。自殺者といえば、いま、自分は自殺していない。だから、そういったことは自分の家の窓の外の出来事だと思っている。窓の外は非常に寒い風が吹き荒れているが、自分たちの部屋の中は暖房が効いて、それなりに暖かい。だから、窓の外に出なければいいのだという錯覚を起こしていることが、いま、C委員がいわれたことであって、それは働く者である皆さんがもう少し考えなきゃいけないのではないかということを、我々、外部の評価委員が指摘すれば、危機意識を持ってもらえるんじゃないか。

同時に、『なぜ』を考える時に、一人ひとりの労働者であっても、高い理念に立って眼界を広くし、視野を遠くして、歴史の文脈で見なさいといいたい。なぜだと考える時の手懸りは、まさに歴史なんです。歴史の長い文脈で見れば、力の論理も果たして長く続くかどうかが分かってくるんです。歴史さえ見れば、実は答えが分かるはずなんです。これこそが、私のいうているHOW文化からWHY文化に変えた場合の、WHYのあり方だ」

このほか、「報告書の中で、力の論理の典型的な例として、米国によるイラク戦争に言及し、批判すべきだ」という発言があり、出席した委員全員が賛成した。

連合役員が中間報告素案に反発

〈第五回作業委〉——二〇〇三年五月二二日

中間報告素案が提出され、A委員が説明した。素案について評価委員全員が意見を述べた。興味深かったのは、やはり素案について意見を述べるよう招かれた連合の会長代行と副会長、計七人の反応だった。基本的に素案に賛意を示したものの、社会状況や労働運動の現状に対する認識においては評価委員側との差が随所に出た。その典型的な例を二つ示す。

●S会長代行（教員関係単産）「お聞きしたいのは、全労働者を横断する公正なワークルールということについて、どのような議論があったかということだ。労働者、労働組合の自立は大事なことだが、自立を促し、保障するシステムも重要だ。そういうワークルールのようなものの保障なしに完全に自立できるかどうかという問題もあるだろうし、労働の意味とか価値とかいうことについても、このルールによって価値が落とされてしまうこともある。経営への参加とかチェック機能という点についても、このワークルールがカギを握っている。いま、日本の職場の中では、不払い残業の問題をはじめ、さまざまなルール違反がある。国会でも問題になっている有期雇用期間の延長だとか、派遣労働についての、いっそうの規制緩和だとか、解雇のルール化とかがあるし、官公労では労働三権が全然、保障されていない」

●中坊座長「私の個人的考え方だが、労働を見ても、消費者問題を見ても、まずルールで守られているという意識が、もうすでに間違っていると思う。ルールができておって、ルールによって守られているという時は、守りの姿勢に入っている。ルールというのは道具で、自分たちが使いこなす道具に過ぎない。常にルールに守られているのではなしに、自立というのはそのもう一つ前にあって、自立してルールを、いわゆる武器を、道具を使うという発想がない限り駄目だ」

●S氏「座長の言われていることは私もよく分かる。ルールに守られているとか、ルールに頼り切るということを私は聞きたかったんではなくて、ルールがない状況があるということについての御意見を聞きたかった。国際的にはあっても、日本ではないということがある。ルールがあっても、例えば、残業手当の問題でも、極めて割り増しが少ない。さらに、それが払われていないという状況も現実にある。そういうことも含めて、公正なワークルールを確立していくということが、労働組合の活動をしていく上での一つの基礎になる部分ではないかと思っていたので、そういう点について、評価委員会でどういう議論があったのかを聞きたかった」

●中坊氏「闘いの中において、我々が利用しやすい武器であり道具であるルールができ上がっていく。しかし、いま、ややもすれば、ルールがあることが前提になって議論が始まっているから、ルールは守ってくれるものだとの感覚しかなくて、道具をほんまに作り出す苦労、ルールができ上がってきたこと、その根底についての意識がない。ルールがあることが前提の議論になってしまうと、労働運動も、結局、駄目になると思う」

（C委員が「労働組合はもっと経営論や産業論を学ばなければならない。その上で、株式を買って株主総会に乗り込むなど、経営への対抗手段の幅を広げたらどうか」という趣旨の発言をしたのに対し）

●T副会長（繊維・化学・流通産業関係の単産）「随所でパリティー（対等）たり得なくなってきている。だから、中坊座長のお話しを聞いていると、お前らは力がない、なめられるからそういう目に遭うんだと、そういう『なぜ』を考えろと聞こえるわけです」

●中坊氏「そうそう、そうですよ。だから、なめられんようにならないと。やはり、怖がられるようにならなきゃ、ほんまの意味で」

●T氏「パリティーの話も、例えば労使関係で、時にはストライキもやったというパリティーもあった。その世界は、もう、パリティーたり得なくなってきている。今の経営に参画するという次元でのパリティーも、単に労使協議会をやりましょうだけでは、ある意味ではパリティーになり得ないですね。それを補完する意味での拮抗力を、どういうことで持っていくか。まさに、随所にパリティーがなくなってきている」

〈第四回評価委〉――二〇〇三年六月一二日

A委員と事務局がまとめた中間報告案が提出され、A委員が説明。詰めの議論の後、大筋、了承された。異論が出たのは、笹森清会長と会長代行、副会長、計一〇人が出席した執行部からだった。次に示すのはその一例である。

●N副会長（流通・サービス事業関係の単産）「労働組合員とか働く者は弱い者という定義でいいのだろうか。時間外労働をしながら請求を出さない人がいる。こういう弱い人は強くしていって、請求をどんどん出させるようにしなければならない。しかし、中間報告案を読んでみて、弱い者同士の連携とか、弱い者だから団結しようというのは、私の哲学からは、とても職場で説明できない。弱い者がいることは分かるが、労働組合は報告書案がいうほど、そんなに弱いだろうか。弱い者のためにセーフティーネットを設け、ミニマムは絶対守らせる。そういう運動に連合は転換しようとしているように思える。だから、弱いと決めつけられても、私には尺度が分からない。弱いものの尺度が」

この意見に対して、中坊座長は「労働者は弱い存在で、労働組合は弱いものを束ねて、数の力で経営側に対抗したり、社会的要求を実現するものだというのが、評価委員会の一致した見解です。あなたの議論は七月の連合サマー・トップセミナーや中央委員会の場でおおいにやって下さい。議論をするのを拒むつもりはないが、われわれにの意見は中間報告書として出させていただく」と強い調子で述べた。

〈連合サマー・トップセミナー〉――二〇〇三年七月二四～二五日

名古屋市で開かれ、中央、地方の幹部約二二〇人が参加した。一日目は中坊・評価委員会座長の座長コメント、神野委員の基調報告、他の委員全員のコメントの後、評価委員と労組幹部が直接、意見を交わした。二日目は初日の討論を受けて、連合本部役員を中心に、連合の組合員は評価委の中間報告書をどのように受け止めるべきか、連合の組織と活動をどう改革したらいいかについての論議を繰り広げた。

セミナーのハイライトは中坊氏の座長コメントだった。一時間ほどの比較的短い講演だが、満場の聴衆に深い感銘を与えた。コメントが始まって五分経つと、場内は静まり返り、全員の目と耳が中坊氏に集中した。中坊氏の話しぶりは、コメントが進むにつれて声の調子が高くなり、目は潤んで、最後に近い場面では、本当に泣き出すのではないかと思わせるほどの熱気に溢れたものだった。以下は座長コメントの要旨である。

「不条理に断固闘おう」と説く中坊氏

「本日のお話は私と神野教授との二人でやるが、わたしの方は、中間報告の基礎的なものの考え方、つまり、この中間報告の前提となる認識と方向性についてお話申し上げたい。

まず、労働運動を取り巻く社会状況。現在の日本で進行しておることは何かという点。これは四つほど書いてある。第一は、いま、日本という国はあらゆる部門が、長く深い不況を経て、社会的な病理現象の中にある。病気の状態にある。政治、経済、社会、あらゆる分野において、崩壊現象を起こしているのではないか。

二番目には、そういう崩壊現象というような病理現象があるところに、いま、閉塞から逃れ出せる一つの処方箋が具体的に提示され、構造改革の名の下にいろいろいわれている。けれども、その根本が、市場主義、競争主義をもっと徹底させることこそが、この病理現象から脱却する方法であるといわれている。病気だけではなく、出されている処方箋が基本的に問題だと、私たちは思うわけである。

さらにもっと悪いことには、それを加速させているものがある。ＩＴ革命だ。ＩＴ革命によって労働が標準化、パターン化される中において、長年、働いた者の技能がまったく尊敬されない社会になってしまった。

四番目に、遂にそれが決定的瞬間を、いま、迎えているのではないか。それは、いうまでもなく、同時多発テロ以降の、イラク戦争の下に見られるようなことだ。ここにおいては力こそ正義であるという強者の論理、それこそが正しい論理であるということを、否応なしに、われわれは見せつけられている。こういう現象が、いま、日本で起きている。

その次に、『緩やかに深まる危機』ということを書いた。これは、私たちが労組の外部から見た場合のものの見方だ。今日のように病理現象が酷くなってくると、単に身体がどうだとかいうことでなしに、みんなの心の中に暗い影を落としている。そして、賃下げ競争であるとか、リストラとか、そして、失業者、自殺者、破産者といったような数々の具体的な数字が中間報告に書き込まれている。

ところが、このように社会的に病理現象に陥っている人たちがそのことを分かっているのか。このことが、一つの大きな問題点ではないのか。私たちの議論中で「ゆでガエル現象」という言葉がしばしば出てきた。まさに我々もまた、、ゆでガエル現象に陥っているのではないかということだ。

つまり、現象が緩やかに進んでいて、確かに危機だ危機だとみんなもいうし、皆さんも認識している。しかし、なんとなく、それは窓の外の出来事であって、家の中はまだ暖かいよ、まだ大丈夫だと感じている。外の寒さは理解できるけれども、家の中は大丈夫だと思っている。そのことが、一つの大きな問題ではなかろうかということだ。

いま、まさに労働運動は、量・質両面において危機状況にある。組合員の減少、組織率の低下、あるいは正規社員の極端な減少、それに伴う非正規社員の増加。しかし、非正規社員の組織率は三％にも満たない。まさに量的に非常に大きな問題がある。このことは、もう皆さんが切実にお感じになっている通りだ。

しかし、もっと恐ろしいのは質的な問題だ。すなわち、いままでは労働運動の理論的枠組みというものがあった。階級理論というものがあった。それがいまなくなってしまった。冷戦構造がなくなり、そういう理論的枠組みがなくなってしまった。働く者といえば、働いているということに意識を持つことで何も考えない人より一歩前進しているという、階級闘争の時には、確かに、そういう一つの使命感みたいなものが労働運動を揺り動かしていく根底にあったと思うが、その一歩前進している労働運動が持っておったカウンターパワー（対抗力）が、いま、むしろ労働組合の中で減少している。あるいは、なくなりつつある。であるがゆえに、労働組合の中において多くの不祥事が発生してきている。これは、まさに皆さんの質的低下だ。質的にも危機的状況になってしまっておるといえるのではないか。

そういう意味では、三つ目に、『外部から見て、いま、労働運動はこう映っている』という項がある。そこにも書いてあるように、端的に言えば、外部からは何も見えていないということだ。いま、労働運動はいろいろ言葉をつくり、パンフレットもつくっているが、市民の目には見えていないということだ。いささか見えているところもあるが、それは、むしろ、良くない点だ。大企業の利益のみを、正社員の利益のみを代弁しておるようなものとなり、あるいは労使協調の枠組みの中にどっぷり浸かっておる姿しか、実は国民の目に映っていないのではないか。また、先ほどいったように、これほどの病理現象、崩壊現象が起きていることに対する危機感も、怒りのようなものも、実は皆さんから感じられない。したがって、いまの労働組合に対しては、実は国民が共感を持っていない。一歩前進して、国民の皆さんをリードしますという、あの清楚な、颯爽としている姿を、我々は、いま、組合の方々に見ることはできない。むしろ、守りと身内意識に終始しているのではないかとしか見えない。

それでは、どうしたら改革していけるのか。視点と方向性の問題であります。やはり、これは労働の価値そのものを見直すというところから、労働組合の存在理由を再確認する。このことこそが原点ではないか。

笹森会長は挨拶で、人間の置かれた立場の弱い強いは関係ないといわれた。しかし、私はそうは思えない。労働者自体は弱い者であるということが、私は労働運動の一つの大きな原点ではないかと思っている。二つ目には、働くこと自体が喜びであり、生きがいである。これは価値の問題だ。弱さと生きがいという二つのものがあって、その二つが労働というものの本質になるのではないか。だからこそ「弱き者、団結せよ」という言葉になってくるわけであり、組合運動の本質は数にある。強い者は一人でも立っていける、自分の力でやっていける、弱ければこそ、みんなが団結しなければいけないと思うのである。

そして、実は労働というものは、自分の頭と自分の身体で働く。お金、家柄、あるいは名門というものと関係ない。しかし、私たちの頭や身体というものは、それなりに弱い人が多いわけで、そういう弱い者こそが問題ではないか。世の中には弱肉強食という、動かすことのできない大鉄則があるわけで、弱い者は強い者に食べられてしまう。これが世の中の大原則だから、いかに不条理なことであっても、押し流されてしまう。

まさに不条理があちこちで行われておる時に、弱い者がただ食われていたらええか、諦めて牛が悲しそうな目をして空を仰ぐと同じように、ただ殺されていくのを、食われていくのをただ見ていたらええか。そうじゃろう。やはり不条理のものに対しては闘っていく。その闘う姿勢こそ、それが成算があるかないかというのは別として、まさに不条理は許さない、断固闘うんだ、そして、闘って闘って死んでいくという姿の方が、むしろ我々の本質ではなかろうか。私は、そういう意味において、働くということは、それ自体、実は生きがいなんだ、決して生きるためだけの手段ではなかったと思う。そういうものがあってこそ、働くことに意味があると思っている。

そういうことから、労働というものの価値をもう一度見直すことによって、皆さん方がまさに闘う姿勢の労働組合運動にならない限り、いかなることをいったとしても、すべての原点を見失うのではないか。

改革のシナリオは、まずもって労働者一人ひとりが意識改革をすることだ。ＨＯＷ文化からＷＨＹ文化へと書いたが、まず、このような結果になっているのは何故かと、原因を考えることから始めなくてはならない。そのことによって自立し、本質を見直していただきたい。そして、企業別組合の限界を突破し、社会運動として自立していく。ＮＰＯと同じく、労働組合運動も社会運動と基礎はまったく同じであり、人のためにみんなが何ができるか、そして、やったことに伴う喜びがあってこそ、労働運動ではないかと思う。そういう意味においてこそ働く者が結集でき、組織拡大ができていく。そして、その上で戦略ができる。

そのためには、まずもって『現場に神宿る』であり、常に現場だ。現場とは、すべての職場であり、地域である。そこから、しかも空洞化しつつある自分の足元から再出発していくことが、これからのあるべき姿ではなかろうか。こういうことが奇しくも七名の評価委員のおおむねの合意となって、我々の中間報告ができておることをご理解いただきたい」

連合副会長が企業別組合擁護論

連合サマー・トップセミナー二日目は、まず、会長代行と副会長、計一〇人が中間報告ついてコメントし、続いて参加者全体による討論を行った。コメントした一〇人は全員が労働運動の現状に対する危機感を表明、中間報告に賛意を示したが、具体的な抜本改革策を提示した幹部は一人もいなかった。これは、連合幹部の間で意識改革がある程度まで進んでいるのは確かだが、現状では理屈のレベル止まりで、本音のレベルまでは及んでいず、したがって、抜本的な改革活動に結びつかないことを示したといえる。

最も厳しい自己批判を口にしたのは加藤祐治・副会長（自動車総連）だった。加藤氏はこう語っている。

「私は、いま、労働運動のリーダーに問われているのは、まず、自己否定する勇気ではないかと思っている。つまり、これまでやってきたことや、今やっていることの価値をゼロベースで見直してみることから始めなければいけないのではないか。また、私たちの日ごろの活動には反省すべき点が沢山あるのではないか。例えば、昨年から取り組んでいる不払い残業の撲滅も、その一つだ。昨年、一万七〇〇〇件も労働監督署のお世話になった案件が出たそうだが、組合のある企業で相当数の違反が出ている。組合自身が見てみぬ振りをしていたことがなかったか、胸に手を当てて考えてみる必要がある」

かなりの連合幹部が反発ないし疑問を呈したのは、中間報告が「企業別組合主義からの脱却」「企業別組合の限界の突破」をうたったことに対してである。南雲光男・副会長は次のように中間報告を批判した。

「中間報告の中に、企業別組合からの脱皮とある。これは解釈によっては、企業別組合は要らない、産別でいいんだと受け取れる。私はこれに反対だ。むしろ、企業別組合が組織の原点であり、そこがもし歪んだら、それを再生しなくてはいけない。パートタイマーの組織化や関連企業で働く人々の組織化、そして、必死になって働いている組合員に現場で何が起こっているかを知ることは、まさに企業別組合、単組の責任であり、役割だ。単組はもう終わったと見るべきではない」

加藤・副会長と高木剛・副会長（UIゼンセン同盟）の二人も大幅改革の必要性を認めながら、企業別組合の組織における位置付けを大きく変えることには否定的な見解を示した。このような保守的な姿勢は、企業別組合が揺らいだ場合、ユニオンショップの下で組合費を給料から天引きできなくなる可能性があるため、連合と産別組織を含めた労組財政の崩壊を恐れた結果だろう。しかし、いつまでも財政問題に足をとられて、再生のための思い切った新戦略を長期計画としてでも描けないのなら、労働運動が今日の沈滞から抜け出すことは不可能である。この点、次に紹介する連合三重の幹部の発言には、小さいながら光明を見出す思いがする。

「企業別組合は解体する、失業者も含んだ労働組合をつくる、というようなことが中間報告には書いてあるが、本当に解体していくことになるのだろうか。具体的イメージが描きにくい。この中間報告を大事にするという意味で自己否定するということをいわれた方もいた。企業別組合を解体する具体的イメージとして、このようにしていくというコメントをいただけるなら、お願いしたい。自己否定のないところに発展がないということを考えると、このことは考えてみる必要があると思う」

企業別組合の問題以外では、中小企業労働者の組織化や社会的運動への参加の問題が討論の主要なテーマになった。

改革実行の工程表を迫る評価委

評価委員会が中間報告を提出してから最終報告を提出するまで約三カ月の期間がある。この間に二回の会合が開かれたが、主な議題は中間報告の手直しではなかった。というのは、中間報告と最終報告の間には、構成、内容とも大きな違いはなく、変更は表現上のものや見出しの差し替えの域を出なかったからである。会合では、評価委員側から執行部に対して、「評価報告書に盛り込まれた改革項目を、どのように実行するかについての具体的な工程表を提出してほしい」という要求が繰り返された。

口火を切ったのは中坊氏だった。中坊氏はサマー・トップセミナー一日目の終了直後に臨時の評価委員会を召集して、執行部に短期、中期、長期に分けた改革実行工程表を約一ヵ月後の次の作業委員会までに作成するように強く要求した。一年半余の連合本部との接触によって、連合もかなり官僚的体質を持っているということを認識した他の委員も、中坊氏の意向を支持した。中坊氏は、この時から、「評価報告書を神棚に上げられては困る」を口癖のように繰り返した。

一方の連合執行部にすると、この要求は簡単に受けられる類のものではなかった。評価報告書に対してだけでも反発があるのに、連合本部の裁量で具体的な工程表を提出したら、収拾のつかないような事態が起こる可能性があったからだ。しかし、執行部は評価委に対して工程表の提出を約束した。執行部として評価委に対して厳しい報告書を求めた以上、改革を実行するという決意を具体的な形で示す必要があったからである。とりわけ、笹森会長は「評価報告書が提出された機会を逃すと、連合の抜本改革は近い将来、できなくなる恐れがある」と危機感を募らせていたので、工程表の作成に前向きだった。だが、結果を見ると、笹森会長の改革に対する積極姿勢は必ずしも実ったとはいえない。

〈第六回作業委〉――二〇〇三年八月二六日

A委員と事務局が協力してまとめた最終報告書案をA委員が説明した。中間報告との大きな違いは、末尾に「この提言を生かすために」という新しい項目を設けたことである。「この際、連合の改革を是が非でも実現してほしい」という評価委員会の強い期待を執行部と一般組合員に示すためで、冒頭に、「連合はこの提言に基づいた長期・中期・短期計画を策定して、それを実現する工程表を作成する必要がある」と明記している。このほか、一部の表現を改めた上、一般組合員に読みやすくする配慮から、報告全体の分量を減らした。

この日の会合で議論が沸騰したのは事務局が提出した「取り組み案」についてである。「取り組み案」は評価委が要求した工程表にあたるものだが、総花的で、具体性に乏しい。あえて目新しいものを探しても、パートなど非正規労働者対策、経営のチェック機能の強化と企業の社会的責任の追及、ＮＰＯとの連携推進に関して、具体性のある対策が若干ある程度だ。しかも、「当面（二年程度）の取り組み課題」が示されているだけで、中、長期的課題についてはないに等しい。

評価委員からはいっせいに不満の声が挙がった。「これでは項目の羅列だ。メリハリすらない。これでは何を実行しようというのかという決意も伝わらない」（Ｃ委員）、「地域運動を抜本的に強化するというなら、地方組織の代表に中央における発言権だけでなく、投票権も与えるべきではないか」（Ｆ委員）という発言もあった。最後に中坊座長が引き取って、「執行部のご苦労は分かるが、実行への決意も伝わってこない、このような『取り組み案』を受け取るわけにはいかない。最終回の評価委員会に出し直してほしい」と述べた。執行部も再提出を約束した。

〈第五回評価委〉――二〇〇三年九月一二日

最終会合ということもあって評価委員全員が出席。執行部から笹森会長と四人の副会長が参加した。評価報告書の最終確認は簡単に終わった。その後、執行部が宿題になっていた『取り組み計画』の見直し案と、連合の二〇〇四〜二〇〇五年度運動方針案に評価委の考え方や提案がどのくらい取り入れられているかを説明した。

取り組み計画は、実質的に変わらなかった。ただ、メリハリをつける意味で、冒頭に今後二年間の優先活動目標を掲げた。それによると、①徹底した組織拡大、②パートなど非正規労働者対策の強化、③地域と中小企業の労働運動の抜本的強化、④政策・制度要求活動の重点の絞込み――デフレ脱却、雇用問題、社会保障、⑤最低賃金を中心とする労働条件の底上げと公正なワークルールの構築、となっている。

運動方針案では、現状分析や基本的考え方の点で評価委の考え方がかなり採用されたものの、実際の運動面においては、NPOや市民団体とのネットワークの拡充、社会の不条理に立ち向かう運動の強化、企業別組合の弱点の克服などの点で評価委の提案が強調されたに過ぎなかった。

中坊座長はじめ評価委員は非常に不満であったが、「執行部の力に限界があることは明らかで、これ以上要求しても仕方がない」と判断し、執行部の説明を了承した。

連合評価委員会の最終報告書は二〇〇三年九月一二日、中坊公平座長から笹森清会長に手渡された。

❖第8章　労働組合の再生は可能だ、そうせねばならない❖

私は、連合評価委員会の委員を約二年間務めている間に、果たして労働組合と労働運動を再生させることができるだろうか、そのためには、いま、なにをしたらいいのかを考え続けた。結論は「労働組合の再生は可能だ、そうせねばならない」である。この結論に至る考え方は、中坊公平氏をはじめとする他の委員と同じ点も違う部分もある。ここでは、私独自の考えに基づく「労組再生への道」を述べたい。

人間が社会的動物であるように、労働組合は社会的存在である。したがって、いかに立派な組合をつくり、世の中のために役立つように活動しようとも、社会から遊離していたなら、評価もされないし、愛されもしない。このことを認識すれば、労組を再生させるためには、組織や活動の仕方を技術的に変えればいいという問題ではなく、常に変化している社会の現状を分析し、その流れを理解するところから始めなくてはならない、ということが分かるだろう。次に、労組を構成している人々の意識改革。市民としていかに生き、企業の従業員としていかに働くかということを、自分自身で考えなくてはならない。このようにして築いた広い視野と深い思考を携えて労組の改革に着手すれば、その再生は十分に可能である。

しかし、第二次大戦後、日本に本格的な労組ができてから約六〇年の年月を経る中で、今日の労組はさまざまな柵《しがらみ》によって、がんじがらめの状態になっている。この柵を断つためには、抜本的改革への勇気、戦略、さらに実行力が不可欠である。長年、労組の改革が叫ばれながら一向に進まなかったのは、広い視野と深い思考の欠如もさることながら、労組のリーダーたちに勇気と戦略と実行力が不足していたことがより大きな原因である。さらに、リーダーたちはもちろん、一般組合員も、このことを十分に再認識した上で、一丸となって新しい挑戦に踏み出さなくてはならない。

大技術革新の衝撃と規制システム

(1)　世界の現状をどう見るか

世界の技術革新の歴史を振り返ると、一八世紀、一九世紀、二〇世紀と三世紀続けて、いずれも世紀末に世界を揺るがすような大技術革新が起きている。一八世紀末は蒸気機関の発明、一九世紀末は電気やダイナマイトなどの発明、二〇世紀末はＩＴ（情報技術）革命である。偶然かもしれないが、大技術革新は世紀後半から世紀末にかけて起こる。大技術革新は経済に大きな刺激を与えて成長を促し、社会の利便性を高める。電気の例を見れば明らかなように、一時は排斥の対象になるものの、いったん生活の中に入り込むと、人々はそれなしの暮しは考えられなくなる。問題は、国内的、国際的を問わず、大技術革新は、大きな所得格差を生み、社会の安全や環境に新しい種類の危機をもたらす可能性が高いことだ。大技術革新の進行速度に比べて、その弊害をコントロールする社会的規制システムの構築が遅れるのが歴史の常である。

この二つの間のギャップが小さくなるまでは社会的混乱が続く。今日の世界的混乱のもっとも基本的な原因も同じである。

ＩＴ革命は一九七〇年代から始まり、九〇年代に入って一気に進んだ。「ＩＴ革命の双子の弟」ともいうべきグローバリゼーション（経済などの世界規模化）も、八九年に起きた東西冷戦の終結もおおいに後押しし、九〇年代初めから急ピッチで進んだ。旧ソ連を崩壊させた本当の原因は、一般にいわれているような米国の軍事的圧力ではなく、ＩＴ革命である。情報・通信の自由を基本的に認めない旧ソ連ではＩＴを普及することは不可能であった。このことは、経済を発展させ、社会を効率化するための最先端技術を利用できないことを意味する。このことを悟ったゴルバチョフ元大統領は、自ら「ソ連型共産主義」という体制を崩壊させた。

ＩＴ革命とグローバリゼーションの進展によって、九〇年代前半から世界は大きく変わった。まず、経済社会的側面を見てみよう。ヒト・モノ・カネが世界中を自由に動くようになった。物事を判断する場合、すべてグローバル・スタンダード（世界的基準）で考えざるを得なくなった。その結果、世界中が、先進国も開発途上国も、自由化の奔流から逃れられなくなった。

自由化の結果、日本では、三つの大きな変化が起きた。第一に、開発途上国や旧共産圏諸国から安い商品がなだれ込んできた。第二に、世界中から投機資金が大量に流入した。第三に、米国流ビジネスモデルの導入によって、日本企業でも株価重視の経営や大胆なリストラが常識化した。これらはいずれも経済の混乱要因である。

世界的自由化の大波が押し寄せた時、日本経済は、バブル崩壊直後で非常に弱体化していた。企業は借金漬け、金融機関は不良債務の泥沼であえいでいた。また、政・官・業の癒着構造は依然として続いていたため、経済は全体として非効率であった。さらにほとんどの大企業は、まだ、右肩上がりの経済の下でしか通用しない日本的経営に固執し続け、新しいビジネスモデルを構築することができなかった。先行きを見ると、急速な高齢化で福祉費が増大し、同時に少子化でマーケットが縮小するのは必至で、明るい展望はまるで描きようのない状態だった。

技術革新とグローバリゼーションのプラス面は、経済成長の促進と社会の効率化である。一方、マイナス面は、貧富の格差の増大、悪くすると、「弱肉強食社会」をつくり出してしまうことだ。競争の激化は環境を悪化させ、資源の公正な配分を妨げる。何よりも問題なのは、首切り、労働条件の劣悪化、福祉費の削減によって、人間にダメージを与えることだ。九〇年代、日本が技術革新とグローバリゼーションの大波をかぶった時、政府も労働組合を含む民間各界も、これらのマイナスをコントロールする力をほとんど持たなかった。今日、日本社会が「弱肉強食」に近い状態に陥っているのは、この結果である。

大技術革新と政治の関係について、簡単に触れておこう。ＩＴ革命が旧ソ連を崩壊させ、東西冷戦にピリオドを打ったことはすでに述べた。東西冷戦が「核戦争の恐怖」を生み出したのに対し、冷戦終結は世界政治の「パンドラの箱」（ギリシャ神話にでてくる、あらゆる災いが詰め込まれた箱）を開けた。とりわけ、イスラム教徒ないしアラブ民族が不満を爆発させ、パレスチナ問題が先鋭化した。一時、平和的解決の動きもあったが、今日、また、イスラエル政府とパレスチナ側は、力による対決を繰り返している。

二〇〇一年九月一一日、ニューヨークなどで起きた同時多発テロの後、ブッシュ政権は「力によるテロ撲滅作戦」に踏み切った。アフガニスタンを攻撃し、二〇〇三年三月には、国連や欧州諸国の意向を無視してイラクを先制攻撃した。それ以降、世界は力の論理と暴力に支配されている。唯一の超大国である米国が力の論理をなりふり構わず振り回すのだから、そうなるのは当然だが、米国とそれを支持する国々は、力によって抵抗するゲリラ勢力や国際的テロリスト集団を抑止できず、世界はますます混迷の度を深めている。イスラムやアラブの不満の背景には貧困の問題がある。貧困の問題を解決せず、力の論理を振りかざそうとも、世界の秩序は回復しない。平和憲法を持つ日本こそは、平和的解決を主張し、特に米国を説得すべきなのだが、小泉政権は米国に追随するばかりである。このままでは、これまで友好関係を保ってきたアラブやイスラムの人々を敵に回し、日本の国際的地位を不安定にすることは必至である。

普遍主義・平和主義・利他主義

(2) 市民としての生き方

私たちは、市民としての生き方を考えるにあたって、三つの基本的な考え方の必要性を強調したい。第一はユニバーサリズム（普遍主義）、第二は平和主義、第三は利他主義である。

ユニバーサリズムとは、私たちは家庭、職場、会社、地域、国において地に足の着いた行動をすべきであるが、と同時に物事を考える際にはこれらの枠を超えた広い視野を持たなくてはならない、という意味である。これは相当の努力を要するが、こうした考え方をしないと問題は解決しない。平和主義は、力の論理の反対の概念だ。ブッシュ政権の先制攻撃容認論やアルカイダのテロリズムは世界を混乱に陥れるばかりで、つまるところ、究極の問題解決手段は平和主義以外ありえないことを歴史は示している。利他主義とは、他人のためばかり考えて仏さまのように生きろということではない。人間が自分のことを第一に考えるのは当然だとしても、エゴイズムに陥らず、時には他人の幸せのために力を貸すことがあってもいいではないか、というほどの意味である。個人でも組織でも、自他の共存はこういう考え方なしには成り立たない。

こうした三つの考え方の上に立って、私たちは、「独立した個人」として生きる努力をしたらいいと思う。いまさら「企業戦士」を目指す人はいないだろうが、企業に縛られないだけでなく、良き家庭人、地域人、国民として、幅広く行動することが望ましい。ＮＰＯやＮＧＯの活動、地域の互助活動、政治活動にも積極的に参加した方がいい。

「独立した個人」として生きることと関連して、今日のサラリーマンにとって重要なことは「悪しきサラリーマン根性」からの脱却である。第二次大戦前や敗戦直後と違って、社長から新入社員まで、少なくとも大、中規模企業で働いている人たちは、全員、サラリーマンだ。「日本中、総サラリーマン化の時代」といってもいい。「悪しきサラリーマン根性」とは、自立心も責任感もないままに、要領よく立ち回って、適当に出世し、適当に収入を確保しようという考え方を指す。こんな根性の人間が増えたら、どんな組織もうまくいくはずがない。個人として考えても、人間失格である。

もう一つ欠かせないのは、「連帯と参加」ということだ。良いことを考えても、行動しなければ何にもならない。そして、有効に行動してよい結果を出すには、同じ志を持つ人々と連帯することが必要になる。

労働者は常に新しい知識と技術を

(3) 前向きの働き方とは

ＩＴ革命とグローバリゼーションによって社会や労働環境が大きく変わっている今日、私たち働く者は発想の大転換をしなければならない。まず、ＩＴ革命とグローバリゼーションは否定することはできない。とすれば、それらを受け入れた上で、社会が弱肉強食的になることを防ぎ、労働条件や労働環境が劣悪化するのを阻む必要がある。

技術革新とグローバリゼーションの大波を受けて企業のいくつかの部門が陳腐化し、企業の存続が危うくなることがあるだろう。その場合、労働者が企業の存続・再建に積極的に協力するのは当然だ。しかし、過剰なリストラ（とりわけ、正規労働者の削減）とパートタイマー、派遣労働者などによる代替は最悪である。このようなやり方は絶対に認めるべきではない。経営者にも雇用の維持がもっとも重要であることを認めさせ、一時的賃金引下げ、ワークシェアリングの拡大など、労働者の連帯を保てる方法によって企業の再建に協力するのがいいと思う。

企業を再建するためには、労使協力して新しいビジネスモデルを立ち上げなくてはならない。その場合、労働者は新しい職種への転換を求められることが多い。これに備えて常日頃、新しい知識と技術の習得に努める必要がある。企業の中でダラダラと無駄な時間を過ごすのではなく、勤務時間が終わったら直ちに退社して、公的ないし私的な研修機関に通い、新しい知識・技術を学ぶことが望ましい。

優良企業とは、常に構造改革に努めて、時代に合った製品やサービスを顧客に提供する企業である。このような構造改革に対応するため、労働者も常時、新しい知識・技術の習得に努力すべきである。

終身雇用と年功序列制度は、日本的経営の特徴で、雇用維持にも役立ったが、同時にそれは労働者を企業に縛り付ける手段でもあった。このようなシステムがなくなることは、労働者にとっても必ずしもマイナスばかりではない。長期的にみて、労使が折り合えて、かつ公正な雇用システムは、「長期雇用・実力主義」ではないだろうか。この場合、一方で、雇用形態のいっその多様化は認めてもいいが、重要なのは同一価値労働・同一賃金の原則が社会的に定着することである。

企業別組合の改革を先送りするな

(4) 労働組合の再生のために

日本の労組の組織率は、二〇〇三年で二〇％の大台を割り込んだ。最悪の場合、数年以内に一五％を切るという予測さえある。ここまで危機が深刻化した今日、中途半端な改革策は再生のために何の役にも立たない。労組とは何か、組織化の対象は何か、という原点に立ち戻って、背水の陣で、大胆な手を打たなくてはならない。

まず最初に、「今後の労働組合のあるべき姿」を明確にする必要がある。具体的には、新しい目的を定め、その実現のために、組織と機能を誰にも分かる形で一新する。新しい目標は「すべての労働者のために雇用の確保と労働条件の改善に努めるだけでなく、全国と各地域で社会的運動を推進する中核となる」ということだろう。

組織面では、すべての労働者を組織化の対象とする。とりわけ、これまで軽視ないし無視してきた中小企業労働者とパートなどの非正規労働者の組織化に力を入れる。成否のカギは、単産、大手企業労組と、その一般組合員である正規社員が掛け声だけでなく、中小企業労働者や

労働組合員数、女性パート労働者比率、完全失業率の推移

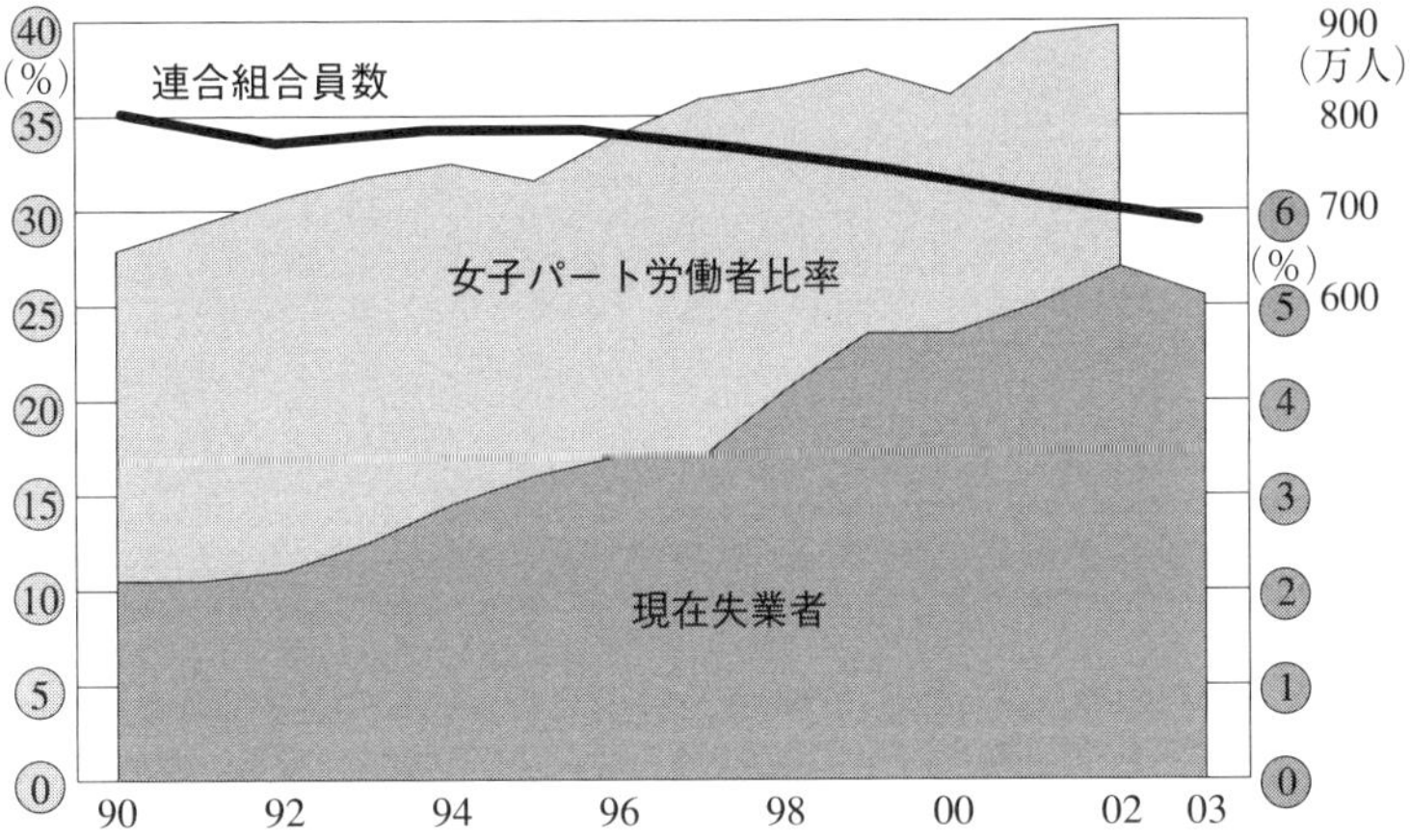

女性パート労働者比率は全女性雇用者に比めるパートの比率。パートの約70%が女性。

出所）総務省／連合

非正規労働者を「働く仲間」として助けるために本気で行動するか否かである。いま、本気で行動しなかったら、数年のうちに労組の実質的崩壊が現実になることは必至である。

定年退職者と失業者の組織化も視野に入れるべきだ。もっとも、この両者は実際に働いている労働者と同列に扱うのは難しいかもしれない。しかし、長期的にみると、労組の評価を高め、力を強めるのにおおいに役立つことは間違いない。

主な機能として考えられるのは、①雇用確保、②労働条件の改善、③企業行動のチェック、④NPO、NGO、市民団体などと連携して、全国・地域の社会的運動の中核となる、

⑤政策の近い政党の支援、である。これらはいずれも目新しいものではないが、従来、すべてが機能低下していた。労組幹部も一般組合員も、どうしたら機能を再強化できるか、真剣に考えなければならない。

さて、労組のどこをどう改革すべきかだが、連合評価報告書にも多くの改革提案が示されているので、ここでは二点に絞って論じたい。第一は、いかにして組織拡大を図るか。第二は、企業別組合を中心とする組織をどのように改めるかなど二つの組織改革問題である。

組織拡大は労組の実質的崩壊を防ぐための緊急の課題である。連合は、九〇年代末から本格的に力を注ぎ始め、二〇〇一年秋からは本部スタッフの三分の一と予算の二四%を組織拡大に振り向けている。しかし、今日まで、目立った成果を挙げるには至っていない。その主な原因は予算とスタッフが不十分なこと、とりわけ、経験豊富なオルガナイザーの不足である。

例えば、連合は組織拡大策をスタートさせるにあたって、有力単産に全体をリードするように要請したが、ほとんど期待外れだった。経験豊富なオルグが何人かいて、本格的に組織拡大をする能力のある単産はＵＩゼンセン同盟など四、五の単産に過ぎなかったからである。他の単産はオルグがまったくいないか、いても新しい労組を立ち上げた経験がない人ばかりである。単産幹部となると、組織拡大の実績のある人はゼロに等しい。多くの単産が新たに予算を取ってオルグの育成に着手したが、優秀なオルグに育つまでには少なくとも三年の経験を積まなくてはならないため、実績が挙がるまでには五年近い年月がかかり、急場には間に合わない。

産業別組織がこのような状態だから、当面の組織拡大のキーワードは「地方・地域」である。数は少ないが、地方組織で実績を挙げている経験豊富なオルグたちは「中央がカネとヒトをもっと回してくれれば、今の何倍も組織化できる」（古山修・連合東京組織局次長）と自信を持って話している。急務となっている中小企業労働者や急増している非正規労働者の組織化は地域労組に向いていることは確かなので、ナショナルセンターがどれほどの組織拡大用の資金を調達し、どれだけ地方に回せるかが、この問題のカギとなる。

組織改革問題の焦点は、やはり、企業別組合の限界をどのように、どこまで突破するかである。九〇年代の経験によって、不況時、企業別組合は企業の生き残りを優先し、雇用確保の責務さえ果たせないということが明確になった。平常時でさえ、ともすれば、行過ぎた労使協調に陥りがちで、同じ企業で働く非正規社員の待遇改善よりも経営側の利害を重視する傾向が強い。このような欠陥を改めるには、労組の組織を企業別組合中心から産業別組織（単産）中心に改組するのが適当だろう。このような改革は、すでに述べたように、ユニオンショップ（すべての従業員が組合加入を義務付けられる制度）や組合費の天引きの問題を考えると容易なことではない。しかしながら、この改革に手を着けないと、いつまでも労組の力は弱く、自立した労働運動はとうてい行えない。この際、もう問題の先送りは止めて、長期戦略として、企業別組合の限界をどう突破するかという課題に本格的に取り組むべきである。その場合、ユニオンショップと組合費のチェックオフ（天引き）の廃止も視野に入れることが望ましい。

この問題について考えるとき、念頭に浮かぶのは、地域の労働者から信頼を得て、地道な活動を続けているベテランのオルグの次のような言葉である。――「考えてみれば、企業別組合のエゴは、私たちが闘っていると思っていた旧総評、旧同盟などの四団体時代に、すでにその遺伝子があったのかも知れない。最近、そう考えるようになりました」。

もう一つの組織問題は、単組、単産、ナショナルセンターの役割分担の見直しである。「企業別組合の限界を突破するためにも、単産の比重を高めるべきだ」「ナショナルセンターは『何でも屋』になり過ぎている。政策問題と、単産では処理できない問題に特化すべきだ」という声は以前からあった。ところが、今日に至るまで、単産は単組の連合体の域を出ず、ナショナルセンターは何にでも手を出す癖が抜けないため、単組の側は「何のために上納金を出しているか分からない」と反発してきた。この行き違いを解消するためには、大手単組、単産、ナショナルセンターのそれぞれの代表が納得するまで話し合って、明確な役割分担を決めるしかない。

今日と将来の社会の変化状況から考えると、単産とナショナルセンターの役割は、従来より大きくなるに違いない。したがって、役割分担の見直しと平行して、資金配分の見直しを行うべきである。前に述べたように、いまは、大雑把に見て、単組が集めた資金の九〇%を自らが使い、一〇%を単産に上納し、さらに、単産はそのうちの一〇%をナショナルセンターに上納している。これでは、単産とナショナルセンターは十分の仕事はできない。労働組合全体の力を強めるために、単組は少なくとも、あと一〇%の資金を上部団体に提供することが望ましい。

組合費の配分を改善する上でも必要となるのは、労組幹部、とりわけ、企業別組合の形態をとっている単組の幹部の意識改革である。いま、労働運動全体にとって重要なのは、政策制度づくりと要求行動の強化と、有能なオルガナイザーを育成して労組の組織率を高めることである。この二つは単産、地域労組とナショナルセンターの手によらなければできない。このことを単組幹部は悟り、組合費の思い切った再配分に応じるべきである。

おわりに

一九八〇年代末まで、日本は、「完全雇用社会」だといわれた。完全失業率は二％前後で、求人倍率は二倍を超えている時もあった。当時、私たちは「完全雇用社会」をごく当然のことと考え、さして貴重なものと思わなかった。しかし、今になって考えてみると、完全雇用社会とは、実に素晴らしい社会である。単に、誰にも仕事があり、衣食住に困らないからではない。人間は働かなければ社会に貢献できないし、生きがいさえほとんど得られないからだ。

バブル崩壊後の「失われた一〇年」の間に、日本の企業経営者は堕落した。身を粉にして働いてきた「企業戦士」を弊履《へいり》（＝破れた草履）のように捨て、「労働者は安く使えばいい」「人件費は少なければ少ないほどいい」と公言して、「リストラ街道」を疾走した。時給一〇〇〇円未満の賃金で、まともの生活ができるのか。契約期間が三カ月以下の非正規労働者が安心して働けると思っているのか。経営者は、「企業は何のためにあるのか」をもう一度、考えてみてほしい。米国流経営法に流されてはいけない。

フリーター人口が三〇〇万人を超えた。雇用者全体の五・五％超にあたる。一〇％を超えるのも時間の問題だ。このことの重要性を私たちは軽視しているのではないか。かつては、自由に働きたい女性や若者がフリーターになった。だが、いまは、企業が正社員として採用してくれないから、やむを得ずフリーターになる人が圧倒的に多い。その結果、低賃金と劣悪な労働条件のために三〇歳を過ぎても生活設計を描けない人や、社会人としての生活習慣が身に付かない若者が激増している。このような状態が続いて、社会に定着できず、基本的ルールを守れない世代が増えていったら、社会の基盤が脅かされることになるだろう。

今日の「半ば狂ってしまった企業社会」を正常に引き戻せと主張できるのは誰なのだろうか。それは、本来は、マスメディアの責務かもしれない。だが、現在のマスメディアにはその志も覇気もない。今日、その役割が果たせるのは労働組合だけではないのか。前章までに詳しく述べたように、労組は約三〇年間、あるべき姿を見失っていた。しかし、いまやっと、存亡の危機に追い込まれて、目覚めようとしている。いまからでも遅くない。正常な企業社会を取り戻すために鬨《とき》の声を上げ、ＮＰＯなどと協力して運動の輪を広げてほしい。現在は人気がないとしても、自己改革を果たし、企業社会正常化の実績を挙げ始めることができるなら、労組を見る世間の目は意外なほど早く変わるに違いない。

労組リーダーはもちろん、一般組合員、組織外の人々も、これだけは忘れないでほしい。労働組合は、民主主義社会にとって欠かすことのできない「装置」であることを。それは、労組を持たないか、その力が非常に弱い企業で、経営者がどれほど身勝手な振る舞いをしているかを、見ただけでもわかるではないか。もし今日、連合のようなナショナルセンターが存在しなかったら、日本の民主主義がもっと歪んだものになっていただろうということは、容易に想像できる。また、洋の東西を問わず、労働組合の歴史は、民主主義の歴史と重なり合っている。

若い世代の人たちも、よく考えてほしい。あなた方が、どのような就業形態であれ、企業や官公庁で働いている間に、困った時に誰に救いを求めるのか。労働基準監督署が助けてくれることもあるだろうが、結局、トータルな形で救いの手を差し伸べてくれるのは労働組合なのである。システムとして考えても、労組のなすべき機能を代わって果たしてくれる組織は他にはない。今ある労組に不満があるのなら、自らの手で改革・改造することを考えてほしい。

最後にお断りをしておく。ナショナルセンターとしては、連合（日本労働組合総連合会、笹森清会長、加盟五九単産、六八五万人）の他に、全労連（全国労働組合総連合、加盟六九団体、一三四万人）と全労協（全国労働組合連絡協議会、藤崎良三議長、加盟四二団体、一二二万人）がある。この本で、連合に調査と記述を集中して、全労連と全労協にほとんど触れなかったのは、この本を書くきっかけが連合評価委員会の発足とその評価報告書であったことと、紙幅が限られていたためである。規模の小さい組織を無視したわけではない。

参考資料

連合評価委員会最終報告（要旨）

連合評価委員会の中坊公平・座長から笹森清・連合会を二〇〇三年九月一二日、手渡しされた評価委員会最終報告の内容要旨は次の通り。

連合評価委員会〈最終報告〉

1 危機の現状

1―1 労働運動をとりまく社会状況―現在の日本で進行していること

【進行しつつある現状】

長く深い不況に苦悩している日本では、社会的病理現象が蔓延し、政治も統合能力を喪失している。経済だけでなく社会や政治という社会全体を構成するすべての領域で崩壊現象が生じている。そして、市場主義を社会のあらゆる領域に徹底させ、競争社会を目指して邁進することが、こうした時代閉塞状況を打破するための唯一の道であるかのように説かれる構造改革が実行されている。また、「日本は悪平等社会である」とのイデオロギーが現実を無視して蔓延し、極端なマネーゲームへの傾倒がみられる。アメリカンスタンダード型の経済至上主義どころか、金融至上主義が前面に押し出されるようにもなっている。

このように競争主義・市場主義が流布していく九〇年代以降の日本では、格差の拡大と不平等の進展が深刻化してゆく。しかも、IT革命が技術変化のスピードを加速化させ、働く者がそうした変化についていくためには、多大な労苦が強いられるようにもなった。その一方で、仕事の中身が平準化・パターン化され、長年にわたり技能を積み上げてきた人たちが尊敬されない状況も生まれている。こうした状況の下で、「公正な分配とは何か」との視点が急速に抜け落ちようとしている。

こうした状況のもとで勃発したイラク戦争は、第二次大戦後に形成されたアメリカを中心とする国際協調の世界秩序を、アメリカ自身が一方的に否定していくことを意味し、新しい世界秩序が形成されるまで、混乱の時代になることは間違いない。しかも、このイラク戦争は、力こそが正義という考えが押し出される一方で、国際法理と協調の仕組みを粘り強く創造する国際協調の論理や連帯がないがしろにされてしまった。これは「強い者がより強く」生きる「強者の論理」に支配された社会を目指そうとする潮流が、日本のみならず世界においても強くあらわれていることを示している。

【ゆるやかに深まる危機】

競争主義や市場主義の蔓延は、人々の心にも暗い影を落としている。際限のない賃下げ競争に駆りたてられ、リストラと称して会社から人間が追放され、失業者が増加し、社会から人間が排除されようとしている。失業者は三五〇万人を数え、一〇年前には一万一〇〇〇件だった個人破産件数は、二〇〇二年には二二万四〇〇〇件へと膨れ上がっている。年間の自殺者は三万人を超え、一日一〇〇人の人が自ら命を絶っている状態にある。

このように悲惨な事態が着実に進行しているにも関わらず、働く者は世の中を変えてゆこうという意識が弱く、怒ろうともしない。資産価値を含めたデフレのなかで、サラリーマンの定期収入が相対的に有難味を増しているという事情もあるだろうが、人々はものの豊かさを得る代わりに、心の豊かさ、倫理観、志を失い、「無理をしない」、「活力がない」状態になってしまっている。経済、政治、社会のあらゆる場面において、緩やかで、しかも螺旋状に深まる危機の中、働く者がよく目を凝らし社会を見つめなければ、問題意識が拡散してしまう時代状況にあるため、悪い出来事はまるで、「自分の家の窓の外」だけで起こっているかのような感覚に甘んじている。「窓の外」は寒いが、「家の中」は暖かいから「窓の外」にさえ出なければよい、という錯覚にとらわれたまま、家の土台の寸前まで土砂が崩れ、断崖が迫ってきていることには、目をつぶってしまっている。だが、寒いのは「窓の外」ではないのだ。

もちろん国民は将来不安に駆りたてられる。若い世代は子供を産み育てるゆとりを失い、少子高齢化がますます進展している。ジェンダー関係の変化に対して社会制度、慣行が対応していないため、様々な問題が顕在化し、外国人労働者の問題も顕著となりつつある。そして、賃金不払いのケースは増加し、労働基本権や労働基準法の軽視もはなはだしいなど、これまで合意されてきた、最低限のルールさえも崩されようとしている。

しかも、日本の財政の所得再分配機能は、先進六か国中最下位となるとともに、社会の世襲化により「努力よりも生まれがものを言う社会」になりつつある。実質的な機会の均等が保障されないまま、競争主義を徹底させると、不平等が進展し、努力や能力ではなく生まれによって、その後の人生に格差が生じる。加えて、政治的・経済的にも文化的にも、社会に参画する機会に恵まれない人々が構造的に再生産されるという社会的排除も起きてしまうだろう。

【歴史の峠を希望とともに】

このような社会が、本当に私たちの目指すべき社会なのであろうか。エゴが充満し、競争に駆りたてられる社会が、よい社会なのであろうか。目先の効率ばかりを求め、公正を忘れてもよいのだろうか。やや長い目で視野を広げて見れば、公正や平等を守ることこそが、効率の前提である、ということを見落としてもよいのだろうか。子供の生まれない社会に、未来はあるのだろうか。もちろん、日本の「構造改革」は必要である。しかし、あらゆる社会の領域に競争原理を導入し規制緩和を行うことだけが、「構造改革」であるかのように喧伝されている現状は、問題である。人間が共同生活を営む社会には、本来、協力や連帯が存在しなければ社会そのものが成り立たないにもかかわらず、それを無視して、日本社会が真に必要とする「改革」を追求しないままに、競争主義・市場主義を至上理念として走ることが、明日への希望につながるわけでもない。

「歴史の峠」にさしかかっている現在、連合は、働く者の視点に立って、働く者にとっての幸せを追求するために、慎重かつ冷静にハンドルをきることが必要である。さらに、働く者の視点に立ってそのハンドルを動かすことは、労働組合ならではの役割であると期待されていることを忘れてはならない。新しい社会に向けて進むためにも、ここで立ち止まり、労働組合の置かれている社会状況を確認した上で、労働組合・運動の原点を見直し、理念を再構築しなければならない。

1—2　労働運動の現状：このままでは労働運動の社会的存在意義はますます希薄化

(1)　量・質の両面において危機的状況

労働運動や労働組合の置かれている状況は極めて深刻である。このままでは労働運動が足元から崩壊してしまいかねない切迫した事態に直面している。

量的側面から、こうした危機をみれば、連合が結成されて以来、組合員は一〇〇万人も減少し、組織率もついに二〇%を下回りそうな状況になっている。こうした組織率の低下は、社会の変化に、労働組合が対応出来ていないということを示している。これまで労働組合は、一般的に正社員を主として組織してきた。その正社員は、特に一九九〇年代の後半以降、劇的に減少し、代わってパートタイム労働者や派遣労働者、アルバイトなどに代表される非正社員が急増している。パートタイム労働者の組織率は二・五%程度に過ぎず、組合が社会変化に十分に対応出来ていないことは明らかだ。

このように、正社員から非正社員に置き換えられているだけではなく、正社員から個人請負業者等への置き換えも進んでおり、雇用労働者自体が減少するという、労働組合がこれまで直面してこなかった新たな問題に直面している。産業構造も、製造業からサービス業へ大きくシフトし、サービス産業で働く人々が増加している。こうした新分野で働く人々を積極的に組織化することなくしては、労働組合の組合員数が、減少の一途をたどることは明白である。

労働運動は量的危機とともに質的危機にもさらされている。冷戦の終わりとイデオロギーの終焉により、労働運動は理論枠組みを喪失してしまった。働く者としての意識が希薄化し、働く者が働く者としての意識をもつことが、人間として一歩前進する思考であるということを、否定する雰囲気さえ醸成されている。

これまで労働の成果である所得の分配において「にらみ」をきかせてきた一種のカウンターパワーである労働組合は、時代の先頭を走っている存在ではなく、時代のしんがりにかろうじてついてるようなイメージへと反転してしまっている。それも労働組合が、広く社会に受け入れられる新たな枠組み構築に至っておらず、依拠する基盤が曖昧になっているため、強力な運動を展開できないでいるからである。労使対等という意識も希薄化し、労働組合の原点である「雇用重視」の防波堤さえも崩されようとしている。こうした労働組合の危機の背景を真摯にみつめると、労働組合役員と職場の組合員との絆が細くなっていることを指摘できる。さらに、労働組合（関連）組織自体が不祥事を起こしているなど、組合自身に倫理観が欠如しているとみなされる事実もある。企業不祥事に際しても、労働組合のチェック機能の弱さがみられ、カウンターパワーとしての組合が機能不全に陥っている。このように、労働組合活動が危機的状態に陥っている背景には、社会状況の変化という外在的領域のみならず、労働組合の内在的問題も山積みしている。

(2) 外部から見て、今、労働組合はこう映っている

評価委員が外部から労働組合を眺めると、連合の行っている運動も活動も、国民の眼には、はっきり見えていないのではないか、という思いを強くする。もちろん見える運動もある。しかし、見えてくる運動では、労働組合が雇用の安定している労働者や大企業で働く男性正社員の利益のみを代弁しているようにも思えるし、労使協調路線のなかにどっぷりと浸かっていて、緊張感が足りないとも感じられる。

しかも、マネーゲーム化した資本主義の荒廃や、不平等・格差の拡大という不条理に対する怒りがあまり感じられず、その運動に迫力が欠ける。組合自体にエゴが根付き、守りの行動になっているとも見える。変化する社会に対応できる小回りのきく組織形態にはなっておらず、女性や若者などのために役割を果たしているとは思えない状態にある。全体として、外部から評価するとすれば、労働組合運動が国民の共感を呼ぶ運動になっているのか、という疑問を強く抱かざるをえない。

働く国民の利害を代表する組織に名実ともになり、国民が連帯できる組織となるために、労働組合が思い切った変身を遂げる必要がある。

2　改革に向けての視点と方向性──労働運動のあり方、理念の再構築

2─1　労働運動の理念・思想の再構築を

(1)　労働の価値を見直し、労働運動の存在理由を再確認する

以上のような認識に基づいて、評価委員会は、労働運動の理念・思想を原点にたちもどって再構築することが、労働組合・運動の再生に必要であると考える。そのためには、私たち皆が労働しているという事実から出発し、労働することの価値を、自らが見直してゆくことが重要であろう。

労働とは何か、働くということは何を意味しているのかを、まず、平和や人間の尊厳、人類の幸福という高い理念から、視野を広くして歴史の文脈において見直すことからはじめなければならない。労働の原点を見つめれば、働くことが、単に生活の糧を得るためだけではないことが理解できるはずである。働くことそれ自体が自分の喜びにつながり、生き甲斐をもたらす。それと同時に、自分が働くことが、他人のためにも役に立ち、さらには人間の社会全体に貢献するという普遍的な意味を持っていることを自覚する必要がある。

自分の頭を働かせ、そして体を動かすということの意味がどこにあるのかをもう一度省察する必要がある。働く者が働くことの意味をもう一度確認し、働くことの意味を、誇りをもって社会に訴えなければならない。

(2) 弱い立場にあるものが、協力、連帯してこそ不条理に立ち向かえる

労働運動の原点を確認するためには、働くことの意味とともに、働く者が連帯し、協力する意味を問わなければならない。連帯と協力の意味は、働く者は、元来弱い存在であるという事実に含まれている。豊かさを享受するうちに、私たちはいつのまにか連帯や協力など、野暮ったい価値だと軽視するようになった。

しかし、よくよく考えてみれば、働く者が持っているものは自分の労働だけであり、お金はなく、何でも解決できる万能な頭脳を持っているわけでもない。連帯や協力の意義が見失われるなかで、働く者は弱い者であるという本質を忘れてしまっている。しかし、弱い者は弱いがゆえに、強く連帯し、強く協力することができる。強く連帯し、協力することによってこそ、働く者はしなやかに生きてゆくことが可能になる。そのためにも労働組合が社会的に強い存在であらねばならない。本来は弱い者であるという事実が、働く者を連帯させる結節点であり、その結節点が強い労働組合の原点なのである。

弱い者の連帯の組織である労働組合が担う労働運動の根本的な使命は、社会の不条理に対して異議を申し立てることにある。不条理に対して闘う姿勢を持ち、行動することが労働組合という組織の使命なのである。

そうした使命は、弱い者のエゴではない。労働組合外の弱い者が、労働組合員である自分と同様に努力しているのに、なぜ組合員より弱い者であるのかという怒りにもつながるからである。労働組合員が働く人々全体の中では「恵まれている層」であるという自覚のもと、労働組合員が自分たちのために連帯するだけでなく、社会の不条理に立ち向かい、自分よりも弱い立場にある人々とともに闘うことが要請されて

いるのである。

社会のため、人類の幸せのために、社会の不公正を正すために活動するという使命感を、弱い者であるが故に持つことができる。

そして、弱い者であるという前提から出発する労働組合運動は、エゴの充満から脱却する力を潜在的に有している。自分たちこそが社会の不条理を正すことができるという使命感を持つことが、労働組合がプライドを取り戻すことにつながるのである。

労働組合は、「力の論理」のまかり通る競争主義社会のもたらす不条理に対抗することができる。「強い者がより強く」生きる社会に代わる、新しい価値を、弱い者の連帯する組織である労働組合こそが創り出さねばならない。

2―2　転換点（エポック）に立ついま、二一世紀の労働運動はどうあるべきか

(1)　今、労働運動に一番求められるのは、高い〝志〟、不公正や不条理なものへの対抗力、それを正すための具体的運動と闘う姿勢

労働組合とその運動には、社会の不公正や不条理に対する異議申し立てを行うという大きな使命が課せられている。マネーゲーム化した資本主義の荒廃・ゆがみに対し、額に汗して働く者の誇りをかけた対抗軸を打ち立てることが強く求められるのである。倫理観、労働の価値観を、人間性を中心において、働く者の視点に立って再構築することが必要である。そして、「マネー中心の市場第一主義」ではない、「労働中心の人間第一主義」という視点を、世に発信してゆくことが労働組合の果たすべき役割なのである。

（2）　労働者の自立と自律、そして連帯へ

労働者には、誇りと責任感を持って自立（自律）することが必要である。労働者は、単に指示・命令を受けて働くのではなく、誇りと責任感を持って働くことが必要である。誇り、使命感を持つ人間である、というプライドこそが、連帯し、団結することを可能とし、経営者に対等にものが言えるようになるのである。

労働組合は明確で説得力のあるメッセージを発するとともに、果敢な行動力、効果的なアピール力を持つ必要がある。働くことの価値を見直し、労働運動の理念を再構築し、それを世に問うてゆくこと、その積み重ねが多くの人々の共感を呼ぶのである。

3改革の課題・目標

1　働く者の意識改革を―自らの本質を問い直す

（1）　ＨＯＷ文化からＷＨＹ文化へと一人一人の意識を転換する

労働組合・運動を再生するための改革の第一歩は、働く者の意識改革である。労働組合・運動が危機にある理由は、単に制度や組織のみにあるわけではない。問題は担い手である働く者自身の心の中にも存在している。

ではどのように意識改革すればよいのか。それはまず、常に「なぜだ」という問を発することから始まる。なぜ労働組合・運動は今のような状態に陥ってしまったのか、なぜこのような競争に駆られる不安な世の中になってしまったのか、働くことの意味は何なのか、私たちの生きている意味はなにかなど、その

ことの原点を問うことによって、意識改革は可能となる。働く者一人一人が自ら「なぜだ？」と問い、互いに問いかけあうことが必要である。

このように原因を探ることなく、いかに対応するかのみを模索するのでは、根本解決にはならない。強い者はその時々の問題に対していかに対応するかを考えるだけでよいが、弱い者はいかに対応するかではなく、なぜこのような問題を抱えるに至ったのかを考えなければ、問題に対抗することはできない。いかに対応するかを考える「ＨＯＷ文化」から、なぜこうなったのかを考える「ＷＨＹ文化」へと転換することが必要なのである。なぜから考える労働者になるということが、意識改革につながるのだ。

(2)　なぜだと自分に問いかけ、働く仲間と広く議論し、勉強しよう

そこでまず、自分の頭で考え、それを仲間たちと議論しあうことから始める必要がある。自分の職場に即して、労働運動の現状をまず究明し、話し合い、自分たちは今どこにいるのか、そしてこのまま流されるならば、どこに行ってしまうのかということを話し合うことが求められる。一つの職場、一つの企業を超えて、他の企業で働く人々、地域や産業、就業形態を超えて、さまざまな働く仲間たちと話し合うことが重要である。そうしたさまざまな利害を持った働く者同士で積極的に議論することは、他者を理解し、他者に共感する基礎をもたらす。

もちろん、働く弱い者は、弱いがゆえに、自分たちの置かれている状況について、企業内のことだけでなく、税・社会保障制度、政治についても貪欲に勉強し、社会制度の不公正を正してゆかなければならない。一人一人が意識改革をおこない、なぜだと考え、勉強してゆく。そのような地道な活動が、より大きな運動のうねりへとつながってゆくのである。

2　企業別組合主義から脱却し、すべての働く者が結集できる新組織戦略を

(1)　企業別組合の限界を突破し、社会運動としての自立を

労働組合の組織率が低下し、組合員数も減少の一途をたどっていることは、現在の労働組合の主流である企業別組合では対応できない社会変化が起こっていることを示す。

こうした社会変化とは何か。それは二〇世紀的労使関係システムそのものが、崩壊していることであり、そのことをまず自覚すべきである。各企業別組合が、団体交渉によって労働条件の引上げを図ることができたのは、第二次大戦後の重化学工業化の過程で、生産性の高い産業が成長してきたからである。そうした重化学工業化によって形成された産業構造は崩れている。つまり、大量生産、大量消費によって可能となった生産性向上による果実を、賃金上昇によって分配を受けるという条件が喪失している。

それどころか、アジア諸国への生産拠点の移動が、これまで以上に進められようとしており、産業の空洞化現象が深化している。経済のグローバル化により、日本の産業構造は大きく変えられようとしている。労働組合の側も相当の覚悟を持って産業構造の転換に対応する必要がある。しかし、企業別組合だけでは、このような構造的な大転換に対して根本的に対抗することはできないため、連合は、企業別組合の限界を認識したうえで、それを補完する機能を強化することが必要である。

こうした状況の変化に柔軟に対応できる組織作りを行い、組合が能動的に行動する必要がある。

第一に、企業別組合中心から産業別組織、ナショナルセンター、地域組織の強化に向けて、人の配置や財政の配分を見直し、それぞれの組織の役割分担を再度明確化することが求められる。

第二に、同時加盟・複数帰属を可能にする柔軟な仕組み作りの実現に向けた諸規則の改定が求められる。

同時加盟・複数帰属とは、例をあげると、ある企業別組合に加盟しながら地域のパートユニオンにも加盟するということや、失業しても何らかのかたちで組合員資格を継続させ、就職支援のようなサービスを労働組合から受けることができるということである。

第三に、地域や職種などによるニーズの差を認め、それぞれのニーズに応じた活動を支援する仕組みを創ることが求められる。例えば、技術者を対象にしたフォーラムを開催し、知識・技能等の習得や交流を支援したり、単調な仕事を担うものを対象にスキルアップの機会を設けたり、就職の斡旋を行ったりするといったことである。

第四に、組織化戦略における各組織の役割分担の明確化が必要である。それと同時に新たな組織化の戦略を構築させ、柔らかな仕組み作りをすることが求められる。そのなかで、パート組合、職能別組合、地域ユニオン、サイバーユニオンの取り組みをより具体的に進めてゆくことが重要である。併せて、企業別組合以外の形態の組合が、自立して活動ができるよう、育成・支援することも大切である。

このように、より柔軟で、変化に対応でき、小回りがきき、多様な組合員のニーズをすくい上げられる能動的組織となることが、二一世紀を生き抜く組織となるために成し遂げられなければならない絶対的条件である。

(2) すべての働く者が結集できる力強い組織拡大、活性化戦略を

二一世紀は、望むと望まざるとに関わらず、これまで以上に就業形態が多様化することが予想される。これまでのように正社員のみを主要な組織化対象とすることは不可能である。幻想となりつつある既得権にしがみつこうとしても、組織を縮小させるばかりであり、自分の首を自分で締めるようなものだという

ことを自覚するべきである。多様性を包摂できない組織は滅ぶ運命にある。労働組合は、すべての働く者が結集できる組織でなければならないし、そうあってこそ、社会における存在意義も存在感も高まるのである。

多様な働く者を組織してゆくためには、次のような変革が必要となる。

第一に、活動スタイルや組合の文化・風土を変革し、多様な属性を持つ労働者が等しく組織運営に携わることのできる体制に、積極的に変えてゆくことが求められる。

第二に、これまで組織化が進んでこなかった、パート等非正規労働者、若者、女性、中小・地場産業労働者、サービス・ソフト産業労働者へは重点的にアプローチする必要がある。

第三に、今後、契約労働者、個人請負業者というかたちの雇用労働者以外の労働者が増加することが予想されるため、地域ユニオンやサイバーユニオンなどのような取り組みを強化する中で、雇用労働者以外の労働者も包摂できる組織のあり方を模索する必要がある。

第四に、若者、女性が生き生きと活躍できる組合活動でないと、将来性はない。かれらの意見を反映させるパイプを目に見えるかたちで太くすることが求められる。

第五に、若者については積極的に働きかける必要がある。まず、小学生、中学生、高校生、大学生といった若年者に対しては、労働組合、運動に対する理解を深められるよう、積極的にアピールする必要がある。そのためにも、地域との連携を重視し、多様な取り組み、教育活動を展開する必要がある。

第六に、若年労働者については、フリーター問題が顕在化しており、かれらの教育・訓練問題に連合としても積極的に関与することは重要である。さらに企業はこれまでのように充実した教育訓練をおこなうことを放棄し、自己啓発を奨励し、即戦力保持者を重視する傾向にもあるため、ステップアップの仕組みを新たに組合が提供することもまた必要である。

第七に、雇用されることを前提にした労働運動だけでなく、雇用されなくなった時の労働運動への参加を保障することも必要である。失業者、高齢退職者、外国人労働者、障害者、ホームレス生活者、近年増加しつつある新しい形態としての自営業者、個人請負業者など、支援を希求する人たちへのサポートを、他の組織との連携を取りつつ実施してゆくことが求められる。

第八に、NPO的な組織文化を研究し、活動を支援し、連帯することによって、NPOをはじめとする市民運動のパワーを取り込むことが、労働組合、運動にも新風をもたらすであろう。

⑶　職場から、地域から、空洞化する足元からの再出発を

労働運動の再出発は、職場や地域といった、労働者にとって身近な場所での地道な活動にしっかりと取り組むことがスタートラインとなる。そのスタートラインを再確認し、現場から、足元から、当たり前の活動をしっかりと組立て直してゆくことが重要である。

現場の中で、職場単位の要求をしっかりと吸い上げて、みんなで議論しながら、共通の目標に向かって活動することを通じて、労働組合の力、役員と組合員ひとりひとりの信頼関係を強めてゆくことが、労働組合の力の源泉となる。新しい組合員を増やし、新しい試みを模索すると同時に、これまでやってきた地道な活動を見直し、強化することもまた、言うまでもなく大切なことである。

そして、地域における活動もまた、労働者一人一人にとって身近な問題へ取り組むという意味においても、重要なことである。地域での活動や共闘は、弱まっている傾向にある。地域での活動は、パートタイマーや中小企業労働者、未組織労働者や、年金受給者にとって、活動の足場となりうるものである。地域

において存在感を発揮してゆくことが、組合員にとっても、未組織労働者にとっても、運動が身近なものとして感じられる鍵となる。したがって、地域労働運動を強化することが不可欠である。

職場や地域において、世話役活動を担う人材を配置し、育成すると共に、体制を整備することは、是非ともなされなければならないことである。

3 働く側の視点からの「新しい賃金論」

(1) パートの均等待遇の実現―「均等待遇」を変革の突破口に

一九九〇年代の半ば以降、不況が深刻化する中で、非正社員が増加し、正社員は減少し続けている。特に女性の場合は顕著で、女性のうち正社員は五二・二%であり、非正社員が半数に迫っている。

パートタイマーの存在を、多様な就業形態として持ち上げる議論もあるが、基本的には恵まれない待遇を受けている人が多いことは事実である。パートタイム労働者の時間給は、フルタイム労働者の賃金（所定内給与）を一〇〇とすると、二〇〇〇年では女性は六六・九、男性では五一・二であり、男性フルタイムに対する女性パートタイム労働者は四四・三に過ぎない上に、この格差は年々拡大の一途をたどっている。このような低賃金労働者が、相対的に高賃金である正社員を代替して増加していることは、財政にとっても大きな悪影響を及ぼしているのである。

パートの賃金はなぜ低いのか。その格差を勤続年数や職種の差で説明する人的資本仮説もあるが、この議論では格差の一部しか説明できない。また、〝自分の都合のよい時間で働ける〟〝通勤が楽〟〝拘束や責任がない〟と言った賃金以外の要素で、低賃金でも割に合っているという議論（補償賃金仮説）もあるが、それでパート同士の小幅な賃金差は説明出来ても、正社員との大きな格差とその拡大は説明しきれない。パートと正社員の賃金格差には、働きに見合ったもの以上の「身分的な格差」があることは否定できないことであり、そこに不満をもっているパート労働者は少なくない。

（中略）

正社員がリストラを恐れ、切りもなく残業し、パートは責任がなくて楽だからとパートと正社員の格差を放置すると、結局は正社員の競争があおられる上に雇用が減少し、正社員自身の首を絞めることになる。そして、低賃金労働者が増加し、失業者が増加することは社会保障制度や財政にもダメージを与え、国民全体にとっても悪影響をもたらすものである。パートの均等待遇は、正社員のためにも、企業のためにも、財政のためにも〝得〟なのであり、働く者は結束してその実現を目指すべきであろう。

こうした均等待遇に向けての取り組みと共に、正社員の時短政策を推進することを突破口として、「真の男女平等参画」、「エイジレス社会」、「日本型ワークシェアリング」の実現につなげてゆくことは、働く者の生活を豊かにすることにつながることである。そして、中・長期的には「雇用差別禁止法」の策定を視野に入れ、性差別、年齢差別、賃金差別を禁止してゆくことが、国民が安心して働ける環境を作り出す上でも絶対に必要なことであろう。

(2)　働く側の視点に立った「公正な賃金論」

パート労働者の均等待遇を進める上においても、同一価値労働・同一賃金原則をもとに、正社員と非正社員の枠を超えた新しい公正な賃金論を確立することが急務である。労働の価値を高める、働く者にとっての公正な賃金を要求するためにも、まず、組合自身が仕事の価値について、雇用形態や年齢、国籍、学歴等にとらわれず、客観的に見直し、基準を作り上げる作業をしてゆかねばならない。そうした作業を通じて、身近な他者との比較にもとづいた、ボトムアップによる労働の価値の把握が可能となる。

仕事の価値付けを行う際には、（一）男性の「特性」や担っている仕事に関わる価値は高く評価されがちなこと、（二）一般的に女性の「特性」とされる「細やかな心遣い」といったものの価値を不当に低く評価しない必要があること、（三）全体としてジェンダー中立的な評価項目を立て、間接差別にならない内容にすること、が重要である。

これまでボトムアップの価値付けをすでに行ってきた企業でさえ、かつてのように労働組合の参加が機能しているとはいえない状況にある。「働きに見合った賃金」＝「同一価値労働・同一賃金」を要求してゆくためにも、職種、産業、全国レベルでの、労働条件の決定への有効な参画を実現させる必要がある。

このような作業を積み重ねることによって、これまでの「会社あっての従業員」という分配論を乗り越え、働く者にとっての「公正な」分配論を積極的に主張し、同一価値労働・同一賃金を要求してゆく根拠を確立することになる。「働きに見合った処遇」を得るためには、年功型賃金から職務型・職種型賃金への移行を働くものの視点に立って実現させることが重要である。

それと同時に、生活の視点に立って、生活を保障する全国的なミニマム基準について、社会保障制度等との関連も含め検討し、組合独自に考案することが必要である。こうしたルールの設定は未組織労働者にとっては特に必要であるが、このような底辺をしっかりと支える制度は、組織労働者にとっても重要な意味を持つものである。

働く者の視点に立った、新しい賃金のあり方を確立させることは、重要な問題である。したがって、より具体的なレベルに議論を深め、実行プログラムを伴うものにまでする必要がある。

仕事の価値付けは困難な作業が伴う。しかし、困難だからと言って作業を放棄すると、同一価値労働・

同一賃金を根拠を持って要求することが困難になり、結局のところ賃下げ競争に対抗できない事態をもたらす。したがって、仕事の価値付けの実現を阻む状況を打開するためにも、さまざまなサポートシステムを作り出し、環境を整備する必要がある。そしてそれは、積極的雇用・労働市場政策である。

(3) 積極的雇用・労働市場政策で労働の価値そのものを高める

「働きに見合った賃金」を実現させるためには、労働組合による積極的労働市場政策の展開が欠かせない。それは、自立する個人を支え、労働の価値そのものを高めるサポートシステムを、労働組合が率先して、自立的に展開することである。

サポートシステムとは、①いつでもやり直しのきく教育制度、によって、職業能力を開発し、向上させ、ステップアップを保障すること、②横断的な資格・評価制度、を作ること、③福利厚生の社会化、④きめこまやかな職業紹介、である。つまり、これまで企業内で提供されてきた教育や福利厚生を、企業まかせにすることなく、社会化してゆくことである。そして、これらを実現させるためにも、⑤NPOなどとの広い連帯、が必要である。

このようなサポートを得て、仕事の価値付けが行えるのであり、ひいては均等待遇、同一価値労働・同一賃金原則の実現へとつながる。そして、労働者が主体的に労働の価値そのものを高めてゆける手段を持つことにもなり、真の自立へとつながるのである。

以上のような取り組みは、「セイフティーネット」から「社会的トランポリン」へと社会制度を大きく転換させるものである。「社会的トランポリン」が整備されることにより、失業してもできるだけはやく労働に復帰できるため、一人一人が前向きにチャレンジすることができ、社会を活性化することになる。

これらのシステムの構築なくしては、均等待遇の実現はおろか、働く者にとって不利な労働条件の一方的切り下げをも呼び込むことになってしまう。公正なワークルールを確立するためには、サポートシステムを構築することを通じて、均等待遇を実現させることが絶対に必要な条件である。

その実現を求める一方で、これまでの「会社あっての従業員」という分配論や、生活給の維持に固執することは、矛盾した行動である。生活給を代替する仕組み—ボトムアップの仕事の価値付けとサポートシステム—の実現に向かって、着実に、そして今、行動しなければ、労働者にとって公正な制度が社会的に整備されることはない。労働組合は、均等待遇の実現のためには、これまでの「既得権」を一部放棄する覚悟を持たなければならない。

4　公正な分配を実現する社会制度の構築への参加を

(1)　まじめに働く者の立場から、市場主義・競争主義を超えた新たなる「分配の基軸」を

現在の日本では分配のあり方が大きく変化しようとしている。企業における付加価値の分配も、働く側からみれば、不公正であり不条理とも受け取られる状態になっている。

現在、アメリカ流のコーポレートガバナンスである株主重視主義がとられようとしている。しかし、日本の企業は、これまで、株主だけでなく、従業員も、地域社会も、地球環境も全て大切なものとしてとらえ、付加価値をバランスよく分配すること、そのような経営を目指すことを重視してきた。この思想の持つ意味をいま一度確認し、このような視点を取り入れつつ、新しい分配の基軸に関わる思想を再構築することなくしては、市場主義、競争主義に対抗してゆくことはできない。

そのためにも、労働組合には、経済民主主義の担い手として、経営に参加し、チェック機能を果たして

ゆくことが求められている。そして、雇用と賃金、労働時間の適正な配分のあり方を、働く者の立場に立って、提起しつづけることが必要なのである。このような活動を力強く展開するためには、職場における地道な組合活動を基礎にした、組合員と役員の強い信頼関係が必要である。さらに加えて、企業における付加価値の分配のあり方や、税・社会保障制度について、積極的に勉強することが求められる。また、働くものの立場から社会的責任を果たしているかどうかについての格付けを、企業に対して連合が行なうといった、新しい試みに取り組むことも期待したい。経済民主主義の担い手として労働組合の果たすべき役割は重いと言えよう。

(2) 社会保障制度の決定の場への労働組合の積極的関与を

社会保険制度、税制度は、働く者の連帯を基礎に成り立っている制度である。にもかかわらず、これらの諸制度の政策決定に関わる労働組合の参画はこれまで十分とはいえない状況にあった。税や社会保障、歳出を含む、負担と分配のあり方について、多くの国民が安心できる、公正でミニマムな分配の保障の仕組みを構築するべく、政策決定の場へは、働く者の代表として、積極的に関与し、働く者にとって適正な所得再分配の実現に向けて活動する必要があるのである。

税・社会保障制度や社会システムは、「世帯主義」から「両立支援型」に転換する必要がある。そして男性も女性も、ともに仕事と家庭・地域活動への参画が可能となる、三方並立型の労働社会・生活社会へと転換させてゆくこと、それに向けて積極的かつ具体的な活動を重ねることが労働組合には求められている。

(中略)

また、国の提供する社会保障と、組合が独自に提供する福祉の組み合わせを模索することも必要である。

組合が自立した、独自の活動を、企業や国に先駆け率先して行い、他の模範となることが必要である。具体的なものとしては、失業保険制度や、教育訓練制度を労働組合が独自に運営し、サービスをメンバーである組合員に提供することが考えられる。組合が、自立した新たなサービスを提供する主体として活動する分野はたくさん広がっているのである。

(3) 世界的な分配の公正化を

(中略)

人間らしく生きてゆける社会の創造のため、国をまたがり、働く者が連帯することによって、二一世紀の新しい社会の選択肢を示さねばならない。そして、南北格差を放置することなく、世界的な分配の公正化に尽力することは、世界の平和のためにも、とても重要なことである。

5 新しい協力と連帯の中心に連合が立つ

(1) ネットワーク共同体としての労働運動

市民的参画と社会変革のためのネットワークを連合が中心となり作り上げることが必要である。労働組合は「民力」の結節点であるべきである。社会正義の実現、時代の不条理に取り組む民主勢力の基点となることが労働組合には求められている。

現在の日本において活発な市民活動の一つとしてあげられるのはNPOである。労働組合は自己変革を図るとともに、NPOという組織の研究を進め、連携を深め、柔軟な組織のあり方を模索してゆくことが求められる。連合は独自のネットワークを全国に張り巡らせており、全国に点在するNPO、NGOをつなぎ、ネットワーク形成の中心となることが可能な存在である。市民としての新たな連帯を形成することが可能であり、そしてまた、そのことにより、新たな活力を労働組合・運動に呼び込むこともできる。

組合員がNPOや社会運動に参画し、非経済的価値の中で汗を流す社会人としての表情を持つことによって、企業という帰属組織の窓からのみ社会を見るのをやめることが必要である。そこで、組合員一人一人がNPOに参画することも考えられる。それによる相乗効果により労働組合も活性化するのではないだろうか。

このようなネットワークを連合がつくりだすことが求められる。情報を束ね、発信し、人々がいつでもアクセスできるような環境を整える必要がある。連合がそのような場所を提供することも考えるべきであろう。

(2) 市民民主主義の前進

市民が自分の生活に重要な影響を及ぼす決定に自ら参加することを可能にする社会が民主主義社会であり、地域の生活や福祉の向上へ、一人ひとりが参加してゆくこと、つまり、市民民主主義の進展をはかることは、二一世紀においてはより重要になってくる。

そこで、その市民民主主義の前進の一翼を担うものとして労働組合の存在意義を発揮することは、市民生活の福祉の向上にとって重要である。日本の労働組合はこれまで、職種によらず従業員一同を組織するという「包摂」の面と、同じ場で協力して働いていても非正規従業員は組織しないという「排除」の側面をあわせもっていた。グローバル化などにより格差が拡大するなかで、社会全体として不利な人々が排除されることにならないように、労働組合は、自分自身のうちにあった排除の側面を克服するとともに、包摂を社会に広げ、運動体として幅広くＮＰＯとも連帯し、活動を行う必要がある。

（中略）

その一方で、政治と労働組合の新しいあり方を模索し、政治が市民にとって、より身近な存在となるように積極的に活動せねばならない。以上のような取り組みの中で、社会は、多様性を包摂しながら、凝集性を取り戻すことができるのである。

(3)　グローバルな連帯と世界から見た日本の労働運動の再点検

（中略）

4　この提言を生かすために

この評価委員会による提言を生かすために、連合は具体的な実行プランの策定に取りかからなければならない。つまり、この提言に基づいた長期計画・中期計画・短期計画を策定して、それを実現する工程表を、連合は作成する必要がある。こうした計画と工程表を作成するために、連合はすべての構成員による徹底した組織討議を盛り上げなければならない。

計画と工程表を固定化するのではなく、定期的に見直されるローリング・プランとする必要がある。しかも、計画と工程表に基づく連合の活動は、組織内部の自己管理だけでなく、外部評価を受けることを助言したい。つまり、実行プランの進行管理を外部の有識者の声に耳を傾けながら実施していく。しかも、中期計画の目標年度には内部評価と共に、外部評価を受ける。そうした評価に基づいて長期計画を見直し、新しい工程表を作成して、次のステップへと踏み出していく必要がある。

　連合が、現在検討を進めている具体的な実行プランを策定するにあたって留意すべき点は、労働組合員は、働く人々全体の中では比較的恵まれている層であるという、連合が置かれている状況にたいする認識をまず持つことが必要なことである。その上で、連合が果たすべき社会的責任とはいかなるものであり、いかなる運動や取り組みを実践してゆかねばならないかを考えることが重要である。弱い立場にある人々から頼りにされ、広く国民の共感が得られる運動体として、社会をリードする、そのような迫力のあるメッセージと行動に期待したい。

（以下略）

［著者略歴］

早房　長治（はやぶさ・ながはる）

1938年　北海道生まれ。1961年東京大学教養学部卒業。同年、朝日新聞社入社。経済部員、同次長を経て、1982年、論説委員。1985年、編集委員。1998年、朝日新聞社退職。

現在　地球市民ジャーナリスト工房代表、チャンネル・ジェイ代表取締役常務。軍縮問題を考えるエコノミストの会（米国のノーベル経済学賞受賞者らで構成する国連のＮＧＯ）日本支部理事長代行

著書：『異議あり税制改革』（朝日新聞社）、『税制は国家の背骨』（徳間書店）、『国富みて民貧し』（徳間書店）、『欧州合衆国のできる日』（徳間書店）、『世界合衆国への構想』（徳間書店）、『霞ヶ関がはばむ日本の改革』（共著、ダイヤモンド社）、『これからのアジアはどうなるか』（ダイヤモンド社）、『大蔵省改造計画』（ダイヤモンド社）、『新しい国の形』（ウェッジ）、『だれが粉飾決算をつくるのか』（廣済堂出版）、『この国の処方箋』（ウェッジ）

恐竜《きようりゆう》の道《みち》を辿《たど》る労働組合《ろうどうくみあい》

2004年7月20日　初版第1刷発行
2005年7月20日　初版第2刷発行

定価1800円十税

著　者　早房長治Ⓒ
発行者　高須次郎
発行所　緑風出版
〒113-0033　東京都文京区本郷2-17-5　ツイン壱岐坂
［電話］03-3812-9420　［FAX］03-3812-7262
［E-mail］info@ryokufu.com
［郵便振替］00100-9-30776
［URL］http://www.ryokufu.com/

装　幀　堀内朝彦
写　植　Ｒ 企 画
印　刷　モリモト印刷　巣鴨美術印刷
製　本　トキワ製本所
用　紙　大宝紙業

E1000(TE3000)

Printed in Japan　　ISBN4-8461-0411-7　C0036